AF509181

OUVRAJES POLITIQUES

DE

Mr. L'Abbe' de St. Pierre,

CHARLES IRENÉE CASTEL,

De l'Academie Françeze.

TOME SETIEME.

Observations concernant le Ministère de l'Intérieur de l'Etat.

A. ROTTERDAM,

Chez JEAN DANIEL BEMAN,

1734.

OUVRAGES POLITIQUES.

TOME SEPTIEME.

Concernant le gouvernement interieur de l'Etat.

OBSERVATION I.

Pour rendre les Romans & les Spectacles plus utiles.

J'Ai parlé, dans un memoire imprimé chez Briasson, des Comedies. Je ne confidere ici que les Pieces de vers, & les Romans en profe & en vers.

Je confidere la Poëfie comme un art tres defirable pour la focieté, & par confequent les Poëtes comme tres dignes des recompenfes honorables & utiles, quand leurs ouvrages fervent non feulement a nous amufer agreablement, a augmenter nôtre joye, & nôtre gayeté, mais encore a augmenter en nous, la prudence, la juftice, & la bienfaifance, de laquelle la patience fait la partie la plus eftimable.

Je regarde au contraire cet art comme tres pernicieux a la focieté, & par confequent les Romanciers & les Poëtes comme tres puniffables, 1. Lorsqu'ils font des chanfons, & des Epigrames fatiriques & perfonelles. 2 Quand leurs ouvrages tendent a infpirer l'intemperance, la licence, la debauche, la vengeance, le mepris pour les loix, pour les bienfeances, & pour le gouvernement prefent. 3. Lorsque les Romans & les Vers tendent a louër la pareffe, la moleffe, la faineantife, a negliger la bienfaifance, & a excufer l'indiference envers fa famille, envers fes domeftiques, envers fes voifins, & envers les pauvres.

L'Obfervation de la juftice ne caufe aucun mal aux autres, mais le jufte qui eft bienfaifant paffe encore au dela. Il eft non feulement jufte en rendant tout ce qu'il doit aux autres, en n'exigeant rien au dela de ce qui lui eft deu. Mais il fait plus, il procure des biens qu'il ne doit pas, il pardonne, il ne fe plaint pas des injures qu'il reçoit.

Abftine

Abſtine à malo : Ne faites mal a perſonne, que perſonne n'ait ſujet de ſe
plaindre de vous. Voila la juſtice.

Fac bonum : Faites du bien , par-
donez , faites que beaucoup de perſones ayent ſujet de ſe louër de vous :
Voila la bienfaiſance.

. Pour former une ſocieté la plus
hûreuſe qu'il eſt poſſible , il faut que
chaque membre de la ſocieté, en ſon-
geant à augmenter ſon plaiſir & ſon
bonheur, ſonge *auſſi* à ne cauſer aucun
deplaiſir aux autres, ce qui eſt *Juſtice* ;
mais encore à augmenter le bonheur
& le plaiſir des autres , ce qui eſt
Bienfaizance .

Or on ne doit pas exciter à la licence & à la debauche, qui produiſent
ſouvent des injuſtices, ſur tout lorsque les licencieux & les debauchez
font du tort, ou cauſent du deplaiſir
à leurs familles, à leurs parens, à leurs
voiſins, à leurs domeſtiques, à leurs
creanciers, & à d'autres hommes ;
au lieu que les plaiſirs inocens des re-
pas gays des danſes qui ne vont que
juſqu'au permis, & dont nul n'a ſujet
de ſe plaindre, ſont à deſirer ; parce qu'en
augmentant nôtre bonheur, ils demeu-

  rent

rent dans les bornes de la liberté, qui eſt aſſujetie à la premiere regle de l'Equité, & à la premiere baze de la Société, *Ne faites point contre les autres ce que vous ne voudriez pas qu'ils fiſſent contre vous, ſupoſé qu'ils fuſſent à vôtre place, & que vous fuſſiez à la leur.*

Le Poëte qui bleſſe ſon voiſin par la ſatire, en le nommant, en le deſignant, en le tournant en ridicule, ou en le peignant, ſoit comme odieux, ſoit comme mepriſable, merite punition egale au mal qu'il cauſe; car lui même s'il etoit ofenſé, ou de pareille ofenſe, ou d'une ofenſe equivalente, n'auroit il pas raiſon de demander la punition de l'ofenſeur?

Le Poëte qui louë une bonne action, & qui par le reçit agreable des louanges des ſages, & des aplaudiſſemens du peuple & des honetes gens, invite à imiter cete action louable & vertueuze, merite lui même de la louange, qui eſt une ſorte de recompenſe de ſon travail.

Le Poëte qui excite à l'enivrement du vin, ou à l'enivrement de l'amour, auxquels nous ne ſommes deja que trop portez par la nature, ne fait que

cor-

corrompre nos mœurs. Il n'ataque
pas ſon voiſin, mais il l'empoiſonne
avec un poiſon agreable, il doit être
puni, ou exilé de la Societé. Il dira:
Mais je fais plaiſir, & il dira vrai,
mais il y a des poiſons que l'on prend
avec plaiſir. Or de pareils empoiſo-
neurs ne ſont ils pas toujours puniſſa-
bles? Je remarque ici combien nos
mœurs ſont corompuës; je n'oſe encore nommer les ouvrajes de pluſieurs
de ces agreables empoïzoneurs quoique morts depuis lontems, mais on
pouroit en retrancher le poizon.

Que par des louanges bien-placées
on louë les grans homes, qui ont rendu de grans ſervices à la patrie, &
qu'on les louë uniquement par les
cotez qui ſont veritablement louables,
voila un excelent emploi de la Poëſie.

Qu'un Muſicien mette en muſique
ces poëſies vertueuzes, ces fables d'une
excelente morale, ſon travail plait,
& eſt tres utile au publiq, il eſt digne
de recompenſe.

Qu'un Poëte nous rende ridicules
& mepriſables, les ivrognes, les avares,
les chicaneurs, ſans les nommer; une
femme infidele, depenſiere, jouëuze,

 ne-

negligeant l'économie de sa maison,
& l'éducation de ses enfans, d'une
humeur facheuse,& toujours grondant;
en un mot que par ses peintures vives
& naïves, il nous fasse aimer & estimer la vertu qui est utile aux autres,
& haïr & mepriser le vice qui nuit,
qui fait tort, qui deplait aux autres,
il fera dans son art le devoir de bon
citoyen, il sera estimable, louable,
digne de recompense.

Mais pour diriger la Poësie vers un
pareil but, il faudroit sur tout dans la
capitale une assemblée perpetuelle,
ou bureau de gens vertueux & conois-
seurs, pour juger des Romans, & de
toutes les pieces de poësies soit ancienes, soit modernes qui pouroient
etre imprimées, pour montrer quelles
sont les meilleures & les plus estimables, & sur tout pour faire recom-
penser les ouvrages vertueux distinguez par leur agrément.

Avec de pareilles regles cete compagnie feroit peu à peu coriger & re-
former plusieurs endroits de nos Opera,
ra, de nos Comedies, & de nos Romans, qui ont dans des personages
estimables & aimables, des maximes

tres

tres pernicieufes & tres corompuës.
C'eſt un article digne de l'attention
d'un Prince juſte, ſage, & bienfaiſant.

Ces choſes paroiſſent des minuties
aux eſprits ſuperficiels, mais elles pa-
roitront tres importantes aux perſones
qui ont aprofondi la politique, & qui
conoiſſent de quelle importance ſont
les bones mœurs, pour l'augmentation du bonheur de la ſocieté, & de
quelle inportance les Poëſies & les
Romans ſont pour nos mœurs.

Il eſt bon de remarquer qu'en fait
de ſpectacles, la generation qui nous
ſuit aura du moins autant de plaiſir
aux poëſies ſages & raiſonables, que
nous en avons eu aux poëſies derai-
ſonables & licencieuſes. Ceux qui ſa-
vent la diminution que l'habitude
aporte aux plaiſirs ou l'on eſt accou-
tumé, & la grande augmentation que
la nouveauté aporte aux amuſemens
nouveaux, m'entendront facilement.
Un homme qui a ſoif boit de l'eau
avec plus de plaiſir, que l'ivrogne raſ-
faſié ne boit le bon vin pur. Nous
n'aurons plus dans la poëſie, les plaiſirs de la debauche & de l'extrava-

 gance:

gance; mais nous aurons des plaisirs aussi grans, soit avec le secours de la nouveauté, soit avec le secours de la privation qui produit la nouveauté, nous aurons des plaisirs innocens qui ne feront que perfectioner notre raison.

Que nos loix de recompense & de punition honorent, & recompensent dignement les ouvrages les plus vertueux & les plus agreables d'entre les Romans, qu'elles punissent sufisament les plus licencieux, nous n'aurons bientot plus tant de persones vicieuses, de mœurs licencieuses & haïssables, nous aurons des mœurs, les unes restraintes dans une honete liberté, les autres vertueuses & dignes de louanges. Nous verrons d'un coté la justice & l'équité plus observées, & de l'autre la politesse & la patience beaucòup plus pratiquées, plus de vertu, autant de gayeté, plus d'innocence, & en tout la societé incomparablement plus heureuse.

Le Poëte est une espece de peintre, qui par la beauté de ses images, par la peinture vive des grandes recompenses donées aux hommes vertueux,

aux

aux femmes vertueuzes; par la peinture du ridicule, & du mepris ataché aux vices, peut nous inspirer le desir de pratiquer la vertu & la crainte de tomber dans les vices. 1°. S'il nous peint comme fort aimables, les persones vertueuzes qu'il nous presente. 2°. S'il nous peint bien la grandeur des joyes & des plaisirs que leur a procuré la vertu. 3°. S'il nous fait bien sentir que les causes de leur reputation, de leur tranquilité, & de leur grand bonheur, c'est la pratique continuelle de leurs diverses vertus.

Je me souviens avec plaisir de la lecture du Roman de la patience de Grizelidis, ecrit en vers par feu M. Perault. Le Poëte y a fait diverses fautes, on pourroit facilement en faire un beaucoup plus agreablement ecrit; mais tel qu'il est, il m'a paru agreable utile. Il y a des gens d'esprit auxquels son Conte de l'aune de boudin plait davantage, c'est qu'ils sont plus touchez du plaizant & de l'art de ce Conte, que du beau sérieux & de l'utilité du Conte de Grizelidis.

Les gouvernemens d'Europe n'ont pas encore compris combien l'on peut tirer d'utilité pour la societé, du plaisir que nous avons tous soit à lire, soit a voir representer les histoires feintes. Plus on a l'esprit elevé, mieux on voit que pour multiplier les actions de justice & de bienfaisance, le bon gouvernement doit mettre en œuvre les plaisirs de tous les ages, de tous les sexes, & de toutes les conditions, & par consequent le plaisir que causent les Romans bien ecrits.

J'ai fait aussi un memoire exprez, pour montrer combien le bon gouvernement peut tirer d'utilité du plaisir que sentent les hommes de se voir publiquement distinguez entre leurs pareils ; mais sans sortir de la poësie, & surtout de la poësie chantée, je voudrois qu'au concert spirituel, on chantat souvent en langue Vulgaire, les louanges des grans hommes, de certains saints & de quelques saintes, qui au jugement du bureau des bones mœurs ont travaillé le plus utilement pour la societé Cretienne.

C'est au politique a mener les hommes par le plaisir de la fiction, par le plaisir de la versification, par le plaisir du chant, par le plaisir du spectacle,

par

par le plaifir de la diftinction, & par
les autres plaifirs, lorsqu'ils font utilement dirigez a l'obfervation de la juftice, & a la pratique de la bienfaifance pour plaire à Dieu, & lorsqu'ils
font par confequent tres utilement
employez pour augmenter le bonheur
de cete premiere vie, & pour augmenter notre efperance du bonheur de la
vie prochaine.

L'Etre bienfaifant nous donne tous
ces plaifirs, mais comme il eft jufte
il nous demande d'y obferver la juftice, en fatisfaifant à tous nos devoirs
envers les autres, comme nous voudrions qu'ils fatisfiffent à tous leurs
devoirs envers nous.

D'un autre coté le meme bon politique fe fert utilement de diverfes
craintes des peines, pour empecher
l'homme de faire des injuftices nuifi-
bles a la focieté, de peur de deplaire à
Dieu, & de tomber dans de grans
malheurs, tant dans ce monde que dans
l'autre. Ainfi la fiction ne doit pas
moins s'atacher à bien peindre & a
bien feindre des peines, & de grandes
peines atachécs aux actions d'injuftice,
que des plaifirs atachez aux actions
de bienfaifance. Dans

Dans le projet pour perfectioner l'éducation, j'ai montré combien les Romans vertueux, les Scenes vertueuses peuvent servir à perfectioner l'éducation des enfans ; & surtout les endroits des Romans qui peuvent faire des scenes, & que l'on peut declamer du moins en profe devant eux, & enfuite les leur faire declamer à eux-mêmes.

Il faut racomoder les bones pieces des auteurs morts. 1° Les ancienes pieces changées produiroient du nouveau & d'excelent nouveau.

2°· Qu'on ajoute du nouveau aux pieces ancienes, c'eft le moyen de faire vivre toujours les ancienes belles pieces.

3°· Sans ce fecours les ancienes belles pieces periffent pour toujours avec la langue anciene. On ne jouë plus des pieces de cent vint ans, on ne jouëra plus Racine dans deux cens ans.

4°· C'eft l'état de la nature humaine dont la raifon va toujours en croiffant, le bon gout fe perfectione tres fenfiblement tous les cinquante ans.

5°· Il

5°. Il est vrai que le nouveau qui est mediocre plait plus, que l'excelent dont on est raffasié par la frequence: mais otez la frequence à l'excelent par un intervale sufisant de privation, il reprend le dessus sur le mediocre. Ainsi il n'y a qu'a faire le cercle des bonnes pieces un peu plus grand, & ne pas laisser vieillir les bonnes pieces sans les perfectioner, soit pour la langue, soit pour les defauts de Teatre.

A la bone heure que les belles scenes soient bien amenées; mais je vois avec peine que des gens d'esprit atachez servilement a de petites regles de perfection, ne prennent pas pour premiere regle qu'il sufit que la scene soit très-interessante, fort touchante, & le spectateur bien trompé; & ne pardonnent pas facilement les petits défauts, en consideration de la grande beauté & de la grande utilité de la scene.

6°. Nous aurions les nouvelles pieces meilleures. Car qui voudroit doner une piece de moindre valeur, que les bonnes pieces de Corneille, de Racine, de Moliere, qui auroient receu en cinquante ans plusieurs perfectionemens?

OB-

OBJECTION.

Vous propoſez que l'on perfectionne les ancienes pieces de Teatre les plus eſtimées, mais y laiſſerez vous le nom de l'ancien auteur ?

REPONSE.

On inprimera : *Comedie de Sertorius de P. Corneille perfectionée* par M. B.... & ſi cinquante ans après elle eſt encore perfectionée par un ſegond perfectioneur. On dira : *& depuis par M. R.* . . . & c'eſt ainſi que chaque auteur pourra eſperer que ſon nom durera autant que ſon ouvrage. Ainſi d'un coté on conſervera aux auteurs, pour les exciter davantage au travail, un reſſort tres réel & tres puiſſant, quoique fondé ſur leur ſeule imagination, c'eſt à dire ſur l'eſperance que leur nom durera honoré, & que leurs ouvrages en durerant davantage & meilleurs ; & de l'autre on procurera au publiq un tres grand avantage, en perfectionant tous les jours ce qui dans ſon tems avoit été trouvé excelent.

lent. Mais après tout, il faut que le Roi done des prix, des penſions, aux meilleurs perfectioneurs.

CONCLUSION DE PRATIQUE.

De ces conſiderations il ſuit qu'il ſeroit a propos que toutes les Comedies, tous les Opera, toutes les Poëſies, & tous les Romans, pour etre imprimez ou reimprimez, euſſent l'aprobation du Bureau des mœurs, qui jugeroit a la pluralité ſi l'ouvrage eſt ſufiſament vertueux pour être donné au publiq. Et jugent la recompenſe du meilleur ouvrage perfectioné.

OBSERVATION II.

Livres de Morale.

Entre les livres de morale qui tenent le plus a la pratique, je priſe fort deux qui ſont apropriez, ou a l'Education publique des coleges, ou a la morale pratique des ſeminaires & des hopitaux; parceque c'eſt la ou l'on peut plus facilement prendre de bones habitudes a la vertu, & qu'il importe fort que ces habitudes ſoient les plus fortes qu'elles puiſſent etre.

Les

Les leſſons de Morale ne ſont utiles qu'à proportion qu'elles commencent, ou qu'elles fortifient en nous une habitude a la vertu. C'eſt que nous n'agiſſons que par habitude, ou par le ſentiment que nous procure l'habitude a penſer de la meme maniere.

Les trois meilleures de toutes les habitudes, c'eſt 1°. de deſirer beaucoup & d'eſperer le paradis.

La ſegonde c'eſt de chercher & diſcerner finement la juſtice, dans nos paroles & dans nos autres actions ; car chaque condition, chaque profeſſion, chaque age, chaque ſexe a ſes divers devoirs a remplir, les uns à l'egard des autres ; ainſi ils peuvent tomber dans diferentes ofenſes envers leurs ſuperieurs, leurs inferieurs, & leurs egaux. Or je voudrois qu'il y eut, dans les livres de Morale, des liſtes des cas de toutes les injuſtices, de toutes les conditions ; pourvû qu'elles fuſſent faites de maniere qu'elles fuſſent agreables a lire, meme pour ceux qui s'y reconoitroient injuſtes.

La Troiſieme habitude la plus importante, c'eſt de pratiquer, le plus ſouvent qu'il eſt poſſible, la patience

envers

envers le prochain, & les autres parties de la bienfaisance, pour imiter nôtre Pere celeste, pour lui plaire, & pour en obtenir le paradis. Mais je voudrois que la Morale pour les gens du monde fut enfegnée agreablement, par les histoires bien ecrites des grans hommes, & des faints, qui ont eté les plus raifonables & les plus bienfaizans envers le Genre humain.

OBSERVATION III.

Pour rendre l'étude du Droit entre Nations, & l'étude de la fience du Gouvernement, plus facile & plus utile.

PREFACE.

La fience du Gouvernement a deux objets principaux, la conoiffance de tout ce qui regarde le dehors de l'Etat, c'est a dire les Nations voifines, & la conoiffance de ce qui regarde toutes les parties du dedans de l'Etat.

Il est certain qu'un Souverain a befoin de former parmi fes fujets des hommes habiles, non feulement dans le droit particulier national, entre particulier & particulier d'une même

nation; mais encore habiles dans le
droit publiq entre nation & nation,
& dans les autres parties de la fience
du Gouvernement; pour les employer
dans les diferens minifteres, dans les
afaires du dehors, & dans les afaires
du dedans de l'Etat.

On voit en France des profeffeurs
de Droit, entre particuliers de meme
nation. N'eft il pas tems d'en fonder
au moins deux autres dans la capitale,
pour enfégner ces deux parties de la
fience du Gouvernement? Et peut on
compter d'avoir un jour d'habiles miniftres, & d'habiles fouminiftres, fans
avoir fondé une pareille pepiniere d'e-
tudians, dans laquelle on choifira ceux
qui compoferont l'academie politique,
dans laquelle l'on pourra choifir un
jour avec feureté, mais avec le fecours
du fcrutin purgé de cabales, les meilleurs fouminiftres, & d'excelens ra-
porteurs des afaires du confeil.

Je fupofe donq qu'un miniftre general, plus fage & mieux intentioné
que fes predeceffeurs, ait refolu de
fonder ces deux fortes de profeffeurs
de politique; & dans cette fupofition,
voici quelques obfervations propres a
rendre

rendre cet établissement plus utile à
l'Etat.

PREMIERE REMARQUE:

Sur le choix des Professeurs.

1. Il seroit a souhaiter que ces deux
professeurs n'usassent que de la langue
du peys, & qu'ils fussent choisis dans
la suite par scrutin entre les academiciens politiques : mais en attendant,
pour etre seur de choisir les meilleurs,
il seroit a propos de publier le dessein
du Roi sur ces deux places, en disant
les apointemens & recompenses que
le Roi y atache. Il est raisonable que
le publiq peye au double celui qui enségne des choses plus utiles a l'Etat,
du double que les meilleurs professeurs
de droit entre particulier & particulier d'une meme nation.

2. Il est a propos que le Ministre
fasse entendre a ceux qui se presente-
ront pour etre choisis professeurs, qu'il
leur demande dans deux mois un plan
d'une feuille ou deux, de la metode
qu'ils se proposent de suivre ; & tant
sur ce plan que sur les diverses relations
qu'il recevra de leurs talens & de leurs
vertus, il fera son choix.

SEGONDE REMARQUE.

Lieutenant du Profeſſeur.

Chaque profeſſeur aura un profeſſeur de ſuplément, pour tenir ſa place
dans les tems de maladie. Il ne faut
pas que le ſervice publiq puiſſe manquer.

Ce profeſſeur de ſuplément ſervira
de repetiteur, & tiendra la conference
pour ceux qui voudront etre eclaircis
l'apres - midi, de ce que le profeſſeur
aura enſégné le matin.

TROISIEME REMARQUE.

Metode de Conference en Langue Vulgaire.

1. Le profeſſeur ſera preſident de
la conference, il expliquera d'abord
en langage populaire a ſes auditeurs
le ſujet de la conference, qui ſera pris
d'un livre imprimé que les Ecoliers
auront a eux.

2. Avant de venir a la conference,
ils auront lû l'endroit ou le chapitre
du livre indiqué.

3. Apres l'explication, ceux qui auront fait & ecrit des obſervations ſur

les

les conferences des jours precedens, & qui les auront montrées au profef-feur, pourront les lire ou les faire lire par fa permiffion.

4. Ceux qui auront fait des objec-tions fur certaines propofitions des ob-fervateurs, & qui les auront montrées au profeffeur, pourront lire ces objec-tions : mais de peur des altercations, on ne difputera point de vive voix, & le profeffeur reglera les manieres de faire les objections & les reponfes, & re-comandera les manieres d'ecrire dou-teufes & modeftes, lors meme que l'on pourroit parler le plus afirmativement ; les contradictions des honetes gens, & des perfones bien elevées, ne doivent jamais etre ofenfantes. Je fupofe ces conferences a la Biblioteque du Roi, ou au vieux Louvre.

Il eft a propos que cete conference ne foit pas ouverte a tout le monde, mais qu'on y obferve une efpece de Scrutin entre les pretendans, & que ceux qui y feront admis foient un nombre fixe.

 QUA-

QUATRIEME REMARQUE.

Nombre des Ecoliers conferans.

Pour exciter & entretenir d'un coté l'emulation, & pour doner de l'autre le moyen au profeſſeur de diriger les etudes de tous les conferans, & d'eclaircir leurs doutes, il ne faut pas que leur nombre ſoit exceſſif. La chambre meme ou l'on tiendra la claſſe, doit etre aſſez grande pour y placer commodément un Poëte, au milieu. Il ne faut au plus que cinquante, ou ſoixante conferans ; s'il s'en trouvoit davantage, il faudroit un nouveau profeſſeur ſur les memes ſujets, pour tenir la conference dans un autre lieu.

CINQUIEME REMARQUE.

Livres Claſſiques ſur le Droit entre Nation & Nation.

Peut-etre que le profeſſeur du Droit entre nations expliquera, la premiere anée, Grotius & Puffendorf ; mais il compoſera lui meme dans la ſuite un ouvrage plus utile, plus ample, & plus metodique.

J'ai

J'ai montré, dans un petit ecrit, que l'origine du Droit entre nations independantes, eſt fondé ſur leur *inte-ret mutuel*, & ſur l'interet qu'elles ont de convenir par ecrit du plus grand nombre qu'ils pouront d'articles de ce Droit. Car enfin plus il y aura de cas reglez, moins il y aura de ſujet de conteſtation entre elles.

Le profeſſeur remontera, dans tous les articles de Droit qui ſont decidez dans ces deux auteurs, au principe de l'interèt mutuel demontré.

Comme il doit convenir que par le terme de *Droit Publiq*, il entend le Droit qui eſt entre nations independantes, je ne ſai s'il ne vaudroit pas mieux l'apeler tout d'un coup Droit entre nations, que Droit publiq; d'autant plus que le terme de *Droit publiq* eſt equivoque, en ce que le droit Romain eſt publiq, le droit François eſt publiq pour les François, le droit Anglican eſt publiq pour les Anglois, le droit Canonique eſt publiq pour toutes les nations qui ſont de la co-munion du Concile de Trente.

B 4   SIXIE'-

SIXIE'ME REMARQUE.

Professeur de la Politique du dedans de l'Etat.

Les auteurs qui ont traité de la fience du Gouvernement, s'expriment d'une maniere fi abftraite, fi generale, qu'elle en devient prefque inutile a leurs Ecoliers. Il faut au contraire la raprocher, le plus qu'il eft poffible, de la pratique & des objets particuliers, pour en tifer & en faire tirer plus d'utilité.

Le profeffeur doit donq doner une idée a fes ecoliers des divers reglemens, & des divers établiffemens de l'Etat ou vivent fes ecoliers; dans le Clergé, par exemple, des divers établiffemens que l'on y voit, clercs, pretres, curez, eveques, archeveques, la divifion par paroiffes, anciens motifs de ces anciens etabliffèmens, c'eft a dire les avantages qu'ils procurent a la focieté.

Dans la Milice, confiderer les fonctions des oficiers, (enfeigne, lieutenant, capitaine, colonel, brigadier, marechal de camp, lieutenant general, marechal de France, general) les avantages

tages que procure a la focieté cete fub-
ordination .

Les établiffemens de la Marine,
leur utilité.

Les établiffemens des Negociateurs,
leur utilité.

Les établiffemens des Financiers, la
divifion par generalitez, élections, les
Intendans, leur utilité.

Les établiffemens du Comerce, leur
utilité.

Les établiffemens des grandes Villes,
& les loix de la Police.

Les établiffemens des Juges, leur divifion, les Parlemens, leur utilité.

Les établiffemens des Coleges, des
Hopitaux, des Seminaires, leur utilité.

Les établiffemens de la Nobleffe.

Les établiffemens des diferens Religieux, des diferentes Religieufes, des
diferens Ordres de Chevalerie, leur
utilité.

Les établiffemens des diferens Bureaux dans le confeil, leur utilité.

Les établiffemens des Secretaires,
& des Miniftres d'Etat, leur utilité.

Ce font la toutes chofes fenfibles,
qui apliquent davantage les Ecoliers,

& qui en les inſtruiſant de l'utilité de chaque etabliſſement, leur ouvrent l'eſprit pour imaginer, & pour trouver ce que l'on i pourroit encore retrancher ou ajouter, pour perfcctioner ces Reglemens & ces Etabliſſemens anciens, & pour en propoſer de nouveaux encore plus utiles a la ſocieté que les anciens. Car c'eſt par ces diferentes aditions, preſque inſenſibles & amenées par les diverſes experiences & par les diverſes demonſtrations, que ſe peut perfcctioner un Etat tres ſenſiblement durant un Regne; ſurtout lorsque les Conſeils ſont peuplez de citoyens apliquez des leur jeuneſſe a la ſience du Gouvernement, choiſis quatre ou cinq fois par la metode du ſcrutin, perfectioné dans quatre ou cinq claſſes d'ages diferens, de degrez d'eſprit & de vertu diferens, entre les meilleurs eſprits, entre les meilleurs citoyens, & entre les plus laborieux.

Mais on voit que ſans ces deux ſortes d'ecoles qui ſont les premieres pepinieres, ſans academies politiques qui ſont les ſegondes pepinieres, ſans la metode du ſcrutin pour choiſir dans chaque claſſe les meilleurs ſujets, le

Roi

Roi n'aura jamais qu'un Conſeil dix fois, vint fois moins bien eclairé & moins vertueux, que celui qu'il pourroit avoir.

SEPTIEME REMARQUE.

Conference entre les Ecoliers.

Le Profeſſeur doit etablir entre ſes ecoliers une conference de neuf ou dix, afin qu'ils puiſſent mieux conoitre les talens & les qualitez les uns des autres. Ils ſe choiſiront un preſident, & a la fin de l'anée ils s'aſſembleront trente, pour choiſir d'entre eux les trois qu'ils croyent les plus propres a etre elus membres de l'academie politique, & le Roi en nommera un des trois.

HUITIEME REMARQUE.

Interet d'avoir un Conſeil excelent.

Il eſt evident que le plus grand interet du Roi & de l'Etat, c'eſt d'avoir un Conſeil compoſé de ſujets choiſis avec ſeureté, entre ceux qui ſont les plus eclairez dans la ſience du Gouvernement, qui ſont les plus vertueux & les plus laborieux ; & cependant,

voyez

voyez la barbarie ou font encore les Etats d'Europe. Toutes les autres fiences ont des profeffeurs, ont des academies. Il n'y a que la fience du Gouvernement, la fience propre des membres du confeil, qui eft comme le flambeau du Gouvernement, qui n'ait ni profeffeurs politiques, ni academie politique. Je ne fai fi l'on croira dans trois cens ans, qu'en France deux ou trois cens perfones qui etoient du confeil de l'Etat, & qui devoient favoir mieux que d'autres la fience de leur profeffion, n'avoient alors ni profeffeurs, ni conferences, ni academies fur cete fience; & que la gloire d'un établiffement fi falutaire eft duë à tel Regne, & a tel Miniftre.

OBSERVATION IV.

Comerce interieur.

Un des principaux devoirs du miniftre qui a foin du gouvernement interieur de l'Etat, c'eft de vifer a augmenter les revenus anuels que produifent aux comerfans les diferentes branches du comerce interieur de l'Etat; car dans les Peys ou il y a beaucoup

de

de ports de mer, beaucoup de rivieres navigables, beaucoup de canaux, beaucoup de ponts, beaucoup de chemins pavez, beaucoup de feureté, beaucoup de comoditez pour les comerfans & pour les voyageurs, peu ou point de peages & de vexations de la part des fermiers publiqs, il fe fait naturellement un comerce tres vif & tres frequent; & c'eft cete frequence multipliée, qui multiplie les profits anuels de tous ceux qui font tous les jours divers echanges, c'eft a dire de ceux dont le metier eft de vendre & d'acheter continuelement.

Celui qui echange donne ce qu'il a de trop & qu'il eftime moins, pour avoir ce dont il manque & qu'il eftime plus. Chacun des echangeurs donne le moins, pour avoir le plus, par raport a leur eftimation reciproque. Tel eft le fondement de toutes les ventes, de tous les achats, de tous les echanges, en un mot de tout comerce.

De la il fuit que deux bons marchands qui font entre eux des echanges de marchandifes, font tous deux un profit qu'ils ne feroient point fans ces echanges, fans ce comerce. Les ventes en argent, font elles memes des echanges. Celui qui vend une maifon, reçoit en echange une certaine quantité d'argent qu'il eftime plus que fa maifon, & l'acheteur donne cet argent qu'il eftime moins alors que la maifon qu'il achete.

Dans prefque tous les marchez entre perfones habiles, il y a à profiter pour les deux parties. Ainfi plus ils vendent fouvent, & plus ils achetent fouvent, plus ils font de profits. De forte que les marchands qui vendent & qui achetent, fe font, par leurs profits journaliers, un revenu auffi réel que le revenu des terres. Perfone ne fait echange, s'il ne croit faire ou un profit prefent, ou un profit avenir, a echanger.

De la il fuit que faciliter & augmenter beaucoup le comerce d'une nation, y faciliter la multiplication des echanges & des ventes, c'eft augmenter beaucoup le revenu de cete nation.

De la il fuit que de rendre le comerce d'une nation plus dificile par des peages & des inpots embaraffans, c'eft diminuer le revenu de cete nation.

Le

Le comerce fe divife naturellement en comerce exterieur ou etranger, foit par terre, foit par mer ; & comerce interieur de famille a famille, de village a village, de bourg a bourg, de ville a ville, de province a province.

Nous avons le comerce exterieur par terre & par mer, qui fe fait avec toutes les nations de l'Europe ; nous en avons dans toutes les parties du monde, & nous avons furtout la compagnie des Indes, & le refte du comerce maritime. Mais ce comerce etranger regarde le miniftere des afaires etrangeres.

L'argent, ou meme le billet ou promeffe, entant que ce billet equivaut a l'argent, eft extremement neceffaire au comerce ; & de la font nées les banques ou refervoirs d'argent, ou le billet peut a toute heure fe metamorfofer en argent. C'eft ce qui m'a doné ocafion de faire un memoire fur l'utilité des banques, fur la maniere de les etablir & d'en faire ufage, dans plufieurs provinces.

L'établiffement que l'on a fait en France de la chambre du comerce, eft un bon établiffement ; mais on peut fa-

facilement le perfectioner, & trouver des moiens de rendre cet etablissement beaucoup plus utile a la nation.

Entre ces moiens il est visible qu'il faudroit faire cesser la venalité des charges d'intendans de comerce, rembourser par des rentes les heritiers de ceux qui ont acheté, ou qui voudroient vendre : il faudroit, lorsqu'il vaqueroit une place dans la chambre du comerce, que l'academie politique proposat par scrutin trois sujets au Roi du nombre du bureau particulier de cete academie, lequel seroit chargé d'examiner les memoires sur le comerce.

OBSERVATION V.

TRES IMPORTANTE.

Sur le Luxe.

Le but le plus ordinaire que se proposent les bons ministres, c'est d'enrichir l'Etat, c'est a dire d'augmenter le revenu, & par consequent le necessaire, les comoditez, & le superflu de chaque famille.

Chaque condition a son necessaire, & son superflu. On sait que le superflu

de

de la condition inferieure eſt le neceſſaire de la condition ſuperieure, & que
l'habitude nous rend neceſſaires des
choſes que nous regardions comme
ſuperfluës , avant l'augmentation de
notre revenu.

Le but du bon gouvernement, c'eſt
de procurer aux ſujets deux choſes
dificiles a concilier.

La premiere eſt l'augmentation du
travail, car c'eſt le travail qui produit
l'abondance & le ſuperflu dans les Etats.
La ſegonde, c'eſt le bon uſage de ce
ſuperflu.

Le mauvais uſage du ſuperflu, c'eſt
ce que j'apele luxe. Or le luxe de
ceux qui n'ont pour but que d'etre
diſtinguez entre leurs pareils, par des
depenſes vaines de pure oſtentation &
inutiles , ou peu utiles aux autres;
tandis qu'ils pouroient faire grand
nombre de depenſes beaucoup plus
honorables pour eux, & tres utiles a
leurs concitoyens.

Mais il nous manque des loix qui
honorent ſufiſament les depenſes vertueuſes, utiles au publiq a proportion
de leur utilité, & qui jetent en meme
tems du mepris ſur les grandes depen-

ſes vicieuſes, qui ſont preſque inutiles
aux autres, en comparaiſon des depenſes vertueuſes.

C'eſt faute de ces loix ſages que les
plus riches Etats ont peri , par le
mauvais uſage de leur ſuperflu. C'eſt
faute de pareilles loix que la Republique Romaine devenuë riche, s'eſt co-
rompuë au point que les Romains
n'avoient preſque plus de reſpect pour
de grans homes pauvres , ni aucun
mepris pour les riches qui menoient
une vie faineante & pleine de vices.
C'eſt faute de pareilles loix qu'ils donoient des louanges aux ſomptuoſitez
de Lucullus , & a d'autres depenſes
vaines, mepriſables, & meme ſouvent
honteuſes & injuſtes.

Ce defaut de loix propres a faire
honorer ſufiſament les bons citoyens
dont la depenſe de leur ſuperflu etoit
utile a la ſocieté, ce defaut de loix
propres a faire mepriſer les citoyens
dont la depenſe de leur ſuperflu etoit
beaucoup moins utile au publiq, pro-
duiſit dans la Republique beaucoup de
mauvais citoyens, qui vouloient a l'envi ſe diſtinguer, & ſe faire honeur par
de foles depenſes, ou il n'y avoit ce-
pen-

pendant aucun veritable honeur a aquerir au jugement des plus fages. Et de
la vint cete foule de gens ruinez, qui
confpirerent bientot a l'envi, a qui
s'empareroit plus hardiment des revenus publiqs, en renverfant le gouvernement de la Republique. Tels furent
les funeftes efets , non des richeffes
bien employées, mais du luxe, ou des
richeffes tres mal employées.

Il eft vrai qu'il y eut quelques loix
fomptuaires, mais elles furent tres mal
faites. 1. Il faloit des marques publiques de mepris, pour ceux qui i con-
trevenoient. 2. Il faloit des marques
d'honeur pour ceux qui donoient, foit
durant leur vie, foit après leur mort,
a certaines comunautez deftinées a
augmenter la comodité & l'utilité du
publiq ; comme hopitaux, coleges,
academies, grans chemins, ports, canaux, teatres. 3. Il n'y avoit pas
dans les provinces de compagnies pour-
fuivantes, etablies pour faire executer
la police. Ainfi ces loix fomptuaires
ne furent point executées, & ne pûrent
jamais etre regardées que comme de
bons defrs de legislateurs peu habiles.

C 2   Ainfi

Ainfi la depenfe vicieufe du fuperflu etant portée au plus haut poinct,
etoit honorée par le peuple ignorant,
au lieu d'en etre meprifée ; & cela faute de bones loix fur le bon ufage du
fuperflu, faute d'honorer fufifament
les bienfaicteurs du publiq.

- - - - *Sævior armis*
Luxuria incubuit, victumque ulcifcitur orbem.

Le luxe a commencé de corrompre
les Etats d'Europe, par la faineantife
& par la moleffe ; il feroit tems de diriger la depenfe du fuperflu, vers des
entreprifes utiles au Publiq. Cela fe
pourroit faire 1. fi le gouvernement
avoit foin de diftribuër diferentes marques exterieures de diftinction honorable pour les diferentes claffes des
bienfaicteurs publiqs, qui doneront,
foit durant leur vie foit après leur mort,
partie de leur bien au trefor publiq,
affignée pour telle ou telle depenfe ;
furtout lorfque le donateur s'eft dis-
tingué en probité & en juftice, durant
fa vie.

Le dificile feroit de borner les conditions, & la depenfe de chaque condition, pour la table, pour les voitures,

pour

pour les habits , pour les batimens, pour les equipages : mais il ne faut point faire de loix fomptuaires, fans faire en meme tems des loix pour re-recompenfer, par des honeurs publiqs, par des infcriptions , & par des marques exterieures, les bienfaiÉteurs du Publiq. Il faudroit commencer par charger un bureau de faire ces loix.

Ces vuës me paroiffent bien eloignées de la conftitution de nos Etats d'Europe, & meme de l'Etat de la Republique de Holande , qui commence a fe gater par les depenfes vaines & frivoles de plufieurs de fes citoyens. Le luxe, faute de bones loix, va s'etabliffant dans tous les Etats riches. Et tout cela vient de ce que dans ces Etats, les Legislateurs n'ont point encore eté affés fages pour faire enfégner a leurs fujets, dans leur education, les depenfes plus ou moins honorables, plus ou moins meprifables, & pour faire des loix conformes a ces premiers enfégnemens.

Je fuis perfuadé cependant que peu a peu on pourroit former fur ce fujet un reglement, & le perfeÉtioner fi bien, que la plupart des hommes riches ai-

C 3

me-

meroient encore mieux employer leur
superflu en depenses tres utiles a la
Nation, que de l'employer a des depenses si peu honorables & si peu utiles a leurs concitoyens.

Il est incroiable combien les hommes
peuvent tirer de secours & de grans
avantages les uns des autres, avec la
metode des marques honorables, si elles
sont distribuées avec justice & par
scrutin, dans les diferentes classes des
citoyens, a ceux qui procureront plus
d'utilité a la Societé, soit par leur
travail sans salaire comme les directeurs
d'hopitaux, soit par leurs talens, soit
par leurs donations : mais il faut diferentes classes de bienfaits plus & moins
inportans, statuës, peintures, medailles,
inscriptions, monumens, louanges en-
regitrées, louanges inprimées, suivant
le jugement publiq du bureau qui aura
la distribution des honeurs publiqs dans
sa direction.

Si en meme tems que l'on defendroit
les depenses du luxe dans Paris, le Magistrat de police se chargeoit de faire
faire des inscriptions sur les chemins
pavez, pour anoncer le nom de celui
qui auroit donné pour faire paver a ses
frais

frais tant de toifes de chemin, & le faire nommer aux prieres publiques comme bienfaicteur du Publiq dans l'eglife de la paroiffe; on verroit en peu d'anées incomparablement plus de chemins pavez aux environs de Paris, l'un pour etre grand bienfaicteur de la Société par fes grans talens & par fes grans emplois, l'autre par de grans revenus, ou de grandes fommes donées ou leguées pour l'utilité de la focieté des Cretiens.

On ne fait point affez en Europe combien il eft inportant, pour perfectioner le gouvernement des Etats, de reprimer les depenfes vaines du luxe, en ouvrant en meme tems une porte aux depenfes fort utiles au Publiq, & vraiment honorables pour les donateurs.

LUXE BLAMABLE.

Il eft vrai que chacun eft maitre de depenfer fon bien a ce qu'il lui plait.

Il eft vrai que le financier qui fait rafer une montagne qui lui cache une belle vüe, repand des richeffes qui font a lui.

Il est vrai que les pauvres peyzans, & les pauvres charetiers, qui font cet ouvrage, en tirent une sorte d'avantage.

Feu M. de … un an avant sa mort, disoit à feu MONSIEUR, a l'egard des depenses qu'il fezoit a M. . . . *je suis sur le seizieme milion*, & c'etoit a vint huit livres le marq.

Il est vrai que ces quinze milions etoient a lui. Il est vrai que cent sortes d'ouvriers ont gagné cet argent, durant quinze ou vint ans. Mais quand on songe que ces grandes depenses n'aboutissent qu'a une petite augmentation du plaisir d'un particulier, ou de quelques particuliers en petit nombre, tandis que cete meme depense pourroit etre employée a rendre la Seine plus navigable en eté & en hiver, a doner plus de fontaines de l'eau de la Seine dans les faubourgs de Paris par des pompes sur les ponts, a doner plus de places de marchez pour debarasser les ruës, a des pavez, a des ponts, a des ports, a des coleges, a des hopitaux dans les provinces qui diminuëroient considerablement les maux, & augmenteroient de beaucoup les biens
d'une

d'une infinité de perſones, & qui feroient incomparablement plus d'honeur
au maitre de ces richeſſes & a ſa famille, que les fades louanges que quelques complaiſans donent a ſa magnificence & a ſon gout. Alors je trouve
cete depenſe de quinze milions, pour
une maiſon de campagne d'un miniſtre,
tres mal placée pour ſa reputation.
Faire travailler une grande quantité
d'ouvriers pour la plus grande utilité
publique, voila où doit ſe placer la
magnificence pour meriter des
louanges.

OBSERVATION VI.

*Pour rendre les Habitans des campagnes
plus raiſonables & moins ſuperſtitieux.*

Un homme de l'academie des ſiences devroit avoir la direction des livres
deſtinez pour inſtruire les habitans des
campagnes, & ſur tout pour multiplier
les fruits de la terre, pour le blé, le
vin &c. pour indiquer les remedes
comuns pour certaines maladies comunes des peyzans & des animaux domeſtiques, pour expliquer naturellement pluſieurs fenomenes, qui jetent

A 5

les

les ignorans dans des craintes & dans des esperances superstitieuses.

La bone politique doit viser a diminuer la superstition des peuples, comme une maladie dangereuse, & a perfectioner leur raison. Et si le gouvernement commence a avoir soin d'instruire les curez, des regles naturelles que suit la Providence dans les principaux fenomenes de la nature, il arivera que les livres destinez pour la campagne, faits par un academicien pensionaire, achetez par les curez, se perfectioneront tous les dix ans ; que les curez seront de regne en regne mieux instruits, & instruiront mieux de ces regles les habitans de la campagne.

Ce que je dis du livre sur la Fisique, j'en dis autant du livre de Morale, propre a instruire les habitans de la campagne de leurs devoirs de justice, tant dans leurs familles, qu'à l'égard de leurs voisins, & dans leurs professions diferentes. L'auteur ne sauroit trop metre en euvre les grans motifs de l'eternité, pour observer la justice. Ce livre seroit de meme perfectioné tous les dix ans, par un Eclesiastique

de

de l'academie politique, & acheté par
tous les curez.

Avec cete metode les habitans de la
campagne croitroient en conoiſſances
& en raiſon, beaucoup plus promtement qu'ils ne font, & leur ignorance
nuiroit beaucoup moins au bon gouvernement; car il arive ſouvent que
cete ignorance groſſiere des peuples,
& leurs ſuperſtitions, s'opoſent a des
établiſſemens tres propres a augmenter
le bonheur de la ſocieté.

OBSERVATION VII.

*Multiplier dans les campagnes les Maitres
qui aprenent a lire & a ecrire gratis.*

Il nait ſouvent parmi le bas peuple
des eſprits excelens, qui auroient fait
de grans progrez dans les arts & dans
les ſiences, s'ils avoient apris a lire &
a ecrire dans leur enfance, car ils auroient beaucoup lû : & d'ailleurs c'eſt
doner deux hommes a l'Etat, que de
lui doner un artiſan qui a le double
d'induſtrie & d'eſprit.

De la il ſuit qu'il eſt de l'interet de
l'Etat de multiplier les petites ecoles,
de doner des gages ſufiſans aux maitres

tres & maitreſſes, & de laiſſer toujours aux parens la liberté de leur faire de petits preſens; car ce ſont ces petits preſens qui les engagent a travailler a l'envi les uns des autres, pour avoir plus d'ecoliers, & leurs travaux & leurs eforts tournent ainſi a la plus grande utilité publique.

Q elques-uns blamerent l'ordonance du feu Duc d'Orleans Regent, lors qu'il fixa les apointemens des profeſſeurs de l'univerſité de Paris peyables par le Roi: mais comme il ne defendit pas aux parens de leur faire de petits preſens, afin d'avoir plus d'attention pour leurs enfans, il ne leur ota pas l'émulation de ſe diſtinguer entre leurs pareils.

OBSERVATION VIII.

Manufactures.

Il eſt à propos de rendre les inventions des arts plus comunes, & plus conuës dans plus de villes. Ainſi il eſt de l'interet de l'Etat de faire venir des Peys Etrangers d'habiles ouvriers, & d'envoyer dans les douze ou quinze plus grandes Villes quelques uns de

ces

ces etrangers, avec des penſions durant trois ou quatre ans, pour y enſégner les perfectionemens de l'art de chacun d'eux.

Les arts avancent toujours, mais le point·principal eſt de les faire avancer plus promtement chez nous qu'ailleurs; car le plus grand progrez ſe meſure, par le moins de tems que ·la Nation met à s'inſtruire des nouvelles jnventions utiles.

Le Czar Pierre le Grand a fait ſagement venir chez lui des ſavans, & pluſieurs de ceux qui excelent dans leur art, pour inſtruire ſes ſujets.

On a defendu mal à propos en Alemagne une machine, avec laquelle un homme fezoit huit fois plus de ruban, que ſans machine. Car par cete meme raiſon on devroit defendre, dans les Etats, la machine avec laquelle un homme fait huit fois plus de bas, que ſans machine. Par la meme raiſon les Turcs ont juſqu'ici defendu ſotement, dans tout leur Empire, les machines de l'inprimerie; je dis juſqu'ici, car depuis deux ou trois ans ils ont ſagement changé de reglement ſur cet article, & cela ſur une raiſon bien ſimple,

que

que voici : *Dans le choix de deux par-tis, il faut preferer celui qui procure a la societé un bien de huit degrez, a celui qui n'en procure qu'un d'un degré.*

Il en est de même du choix entre deux partis, dont l'un causera dix fois plus de mal a la societé, que l'autre parti. La raison choisit le moindre mal. Or l'inprimerie epargnera aux Turcs dix fois plus de travail, que ne peut faire l'ecriture manuscrite.

Il est vrai qu'il n'i aura que la dixie-me partie des copistes, qui soient ocu-pez a l'inprimerie.

Mais 1. les autres Copistes peuvent aprendre d'autres metiers, & s'i ocu-per. 2. Il se fera moins de copistes quand il y aura moins de copies a ecri-re, & alors les autres metiers auront plus d'aprentifs. 3. Ce mal pour les Copistes qui n'auront point d'ouvra-ge, est un mal passager de quatre ou cinq ans, durant lesquels ils aprendront d'autres metiers. 4. Si une partie des copistes de Constantinople aprenent a inprimer, les Turcs auront dix fois plus de copies, & a dix fois meilleur marché ; ils auront dix fois plus de sa-vans, & les savans seront dix fois plus savans. OB-

OBSERVATION IX.

Noblesse.

Par les denombremens des Intendans, il y a environ cinquante mille familles nobles dans le Roiaume, ce qui fait environ la centieme partie des autres familles. Il est utile a l'Etat d'entretenir cete proportion, pour entretenir une forte emulation, a qui surpassera ses pareils dans les professions les plus utiles a l'Etat, pour aquerir la noblesse.

Il s'eteint, tous les ans, un grand nombre de familles nobles; mais aussi les membres des autres se multipliant, reste a savoir de combien la diminution passe l'accroissement. Pour le savoir, il est à propos que les Intendans envoyent tous les ans, dans le mois de Janvier, un recueil du nombre des males nobles capitables, ou qui peyent la capitation dans leur generalité.

Comme le Ministre d'Etat aura le memoire des anées precedentes, il lui sera facile de voir si la Noblesse est diminuée, ou augmentée dans cete Generalité. Il observera la meme chose a l'egard de toutes les Intendances.

Ainsi

Ainsi il verra facilement si les familles nobles font diminuées dans le total du Royaume, & de combien ; & par conſequent il verra aiſément combien il faut donner de lettres de nobleſſe, pour remplacer les familles nobles qui s'eteignent.

Pour conoitre ceux à qui il eſt à propos de donner des lettres, il y a une regle generale, c'eſt d'en donner à ceux qui ont rendu de plus grans ſervices à l'Etat ; & cela ſe peut meſurer par la comparaiſon de l'utilité des emplois, & dans chaque genre d'emploi, à ceux qui ſeront elus à la pluralité du ſcrutin.

J'en dis autant des titres des Ducs, des Comtes, des Marquis, des Barons ; titres qui ne doivent jamais être hereditaires, ni atachez a du tems, ſi l'on veut conſerver dans l'Etat cette emulation ſi inportante au ſervice de la Nation. Cinquante Ducs, cent Comtes ou Marquis, & ſix cens-cinquante Barons, pour faire huit cens diſtinctions entre cinquante mille familles, le tout par la metode du ſcrutin.

Je ſupoſe qu'il y ait en un an cent Letres de nobleſſe a acorder, pour

rem-

remplacer les familles nobles eteintes. On en prendra une partie dans la Guerre, une partie dans la Magiſtrature, une partie dans le Comerce &c. & les places qui reſteront, ſeront miſes à l'enchere pour les fondations qui ſont les plus riches, pour le bien de l'Etat; comme chemins, pavez, ponts, hopitaux, coleges, ſeminaires, ports, digues, canaux.

Il faut dans chaque intendance un bureau de nobles, qui veillent contre les uſurpateurs de la nobleſſe depuis cent ans, & que tous les nobles s'y faſſent inſcrire à chaque generation.

On me dira peut - etre que la nobleſſe hereditaire ne ſe devroit doner par le Roi, que pour honorer la vertu diſtinguée, les talens diſtinguez employez a la guerre ou dans la magiſtrature, durant un grand nombre d'anées, pour l'utilité publique; & que par conſequent, elle ne ſe devroit point donner pour de l'argent : mais ſi la ſomme eſt conſiderable, & ſi elle procure à l'Etat une plus grande utilité publique, que celle qu'ont procuré les autres nobles, pourquoi ne pas acorder pareille recompenſe ? puis que le fondement de la grandeur de cete recompenſe, n'eſt réelement que la grandeur de l'utilité qu'en reçoit l'Etat ; & les enfans de celui qui a acheté ſa nobleſſe peuvent avoir autant de talens utiles, & autant de vertu, que les enfans du magiſtrat.

Ce qui merite diſtinction perſonelle & non hereditaire, ce ſont les vertus, les talens, & les ſervices diſtinguez de chaque perſone : mais il faut diſtribuer ces recompenſes, par ſcrutin entre pareils.

OBSERVATION X.

Pour augmenter l'Agriculture.

Les ſources principales de richeſſes & d'abondance, ſont la culture des terres, le perfectionement des arts, & ſurtout de ceux qui ſervent à manufacturer les productions qui viennent de la terre & des animaux qui ſe nourriſſent ſur la terre.

C'eſt la terre qui nous fournit les choſes neceſſaires à la vie. C'eſt la terre qui produit le lin, le chanvre, le vin, le blé, le bois. Ce ſont les animaux qui

qui nous donnent la laine , le cuir,
la foye, qui fervent à nos habillemens
& à nos autres manufactures.

C'eft la difete de ces chofes , qui
fait la pauvreté & la mifere des peuples.
C'eft l'abondance de ces matieres , qui
en fait la principale richeffe ; furtout
lorfqu'avec le fecours de l'argent &
des billets de change , le comerce de
ces matieres devient plus facile & plus
frequent.

Nous avons eté forcez en France ,
depuis 70 ans, par la depenfe des guerres , ou entreprifes ou foutenuës par le
feu Roi , à augmenter extremement
les tailles fur les habitans des Campagnes. Cete augmentation auroit pû
fe foutenir fans ruiner perfonne , fi on
eut inventé alors des regles pour faire
diftribuër toujours le fubfide de la taille
fur chaque Generalité , fur chaque
Election, fur chaque Paroiffe , & enfin fur chaque Famille taillable, a proportion de fon revenu anuel. Mais
faute de cete invention falutaire , les
riches habitans des campagnes, & les
plus habiles dans la culture des terres,
defertent tous les jours depuis 80 ans,
pour fe refugier dans les villes exemtes

de la taille : & de là vient que beaucoup de terres demeurent incultes,
que toutes les autres font beaucoup
moins cultivées, que ces terres nourif-
fent moins d'animaux , & que nous
fomes plus en proye aux famines & à
l'oifiveté , & que les denrées font plus
cheres.

Au refte il eft bon de remarquer que
la terre cultivée travaille elle meme
avec l'air, avec l'eau , & avec le foleil,
a l'ouvrage du laboureur & a la pro-
duction des fruits ; au lieu que dans
les manufactures , par exemple a la
formation de la toile, on ne peut rien
attendre que de l'ouvrage du tifferan.
C'eft donq une grande perte pour l'E-
tat, que de ne pas faire travailler les
elemens par la culture des terres.

A l'egard des arts , fi chaque habile
fizicien avoit la direction de deux ou
trois manufactures : fi ces directeurs
avoient à efperer quelque penfion des
divers perfectionemens, tant de l'agri-
culture que des autres arts : fi l'on
établiffoit, ou fi l'on renvoyoit a un
bureau compofé de quelques membres
de l'academie des fiences, pour juger
de la recompenfe de ceux qui auroient
doné

doné au publiq des obſervations utiles ſur les arts ; le bureau ſeroit d'une grande utilité.

OBSERVATION XI.

Relation de ce qui s'eſt paſſé aux Etats de la province de Bretagne en 1728.

AVERTISSEMENT.

Cete relation m'a paru curieuſe, & puis il eſt a propos de voir plus preciſément ce qui ſe pourroit faire de meilleur dans un Etat : ainſi il eſt a propos de voir ce qui s'i fait deja de bon.

Le 27 Septembre 1728. les Etats de Bretagne convoquez en cette ville de Rennes firent l'ouverture de leur aſſemblée generale, les comiſſaires du Roi s'i etant rendus avec les formalitez acoutumées, & M. le Marechal d'Etrées s'etant aſſis ſur le trone preparé pour le principal comiſſaire de Sa Majeſté, il fit un tres beau diſcours, ſur ce que le Roi & la province atendoient de cete aſſemblée, dans les circonſtances preſentes. M. de Brillac, premier preſident du Parlement & ſegond comiſſaire de ſa Majeſté, parla enſuite. Et le preſident de Bedée, procureur general & ſindic des Etats, repondit a ces deux diſcours avec beaucoup d'eloquence.

Le 28 les Etats aſſiſterent en corps a une meſſe ſolemnelle du St. Eſprit, ou l'Eveque de Quimper oficia : après quoi s'etant raſſemblez, & les comiſ-ſaires du Roi s'i etant rendus avec les ceremonies acoutumées, M. de la Tour, nouvel intendant de Bretagne, expoſa a l'aſſemblée les diverſes demandes de Sa Majeſté, & fit a cete ocaſion une harangue tres eloquente, à laquelle le comte de Coetlogon, premier procureur general ſyndic des Etats, repondit en termes convenables, en repreſentant l'inpuſſance de la Province, que la ceſſation du comerce de la navigation & de la marine a reduite dans une extreme miſere. Cependant les Etats ſe ſont portez, non ſeulement avec reſpect, mais avec joye & avec empreſſement, a acorder a Sa Majeſté tout ce qui leur a eté demandé de ſa part. Savoir,

Deux milions de don gratuit pour les anées 1729 & 1730 : ſix-cens cin-quante

quante mille livres pour l'abonement des droits de courtiers, gourmets, comissionaires, inspecteurs aux boucheries & aux boissons, que Sa Majesté vouloit retablir : & deux-cens mille livres pour le peyment des etapes des anées 1729 & 1730, dont la fourniture a eté ajugée au rabais au Sr. Burnet, a raison de onze sous la place de bouche, & six sous la place de fourage, & les autres places a proportion : cent-mille livres pour les reparations des ponts, chaussées, & grans chemins de la Province, pendant les deux memes anées ; savoir les deux tiers pour reparer la grande route qui conduit de la Gravelle a Brest en passant par St. Brieux, & l'autre tiers distributivement dans les neuf Evechez de Bretagne, pour reparer les plus mauvais endroits des autres grans chemins : quarante cinq mille livres pour etre employées a l'achat des chevaux pendant lesdites anées 1729 & 1730, pour l'entretien & augmentation des haras de la province : cent vint mille livres pour le remboursement de quelques contracts sur les Etats, a la charge aux particuliers remboursez d'employer le pro-

D 4   duit

duit desdits remboursemens avec pareille somme en sus de leur propre fonds, a batir des maisons neuves dans la ville de Rennes : quinze mille livres pour le marechal d'Etrées : quinze mille livres de gratification pour la marechale d'Etrées : quinze mille livres de gratification pour la Princesse de Leon : cent quatre vint cinq mille cent quatre vint douze livres treize sous, pour le peyment de diverses pensions, dons, gratifications, charitez & frais extraordinaires : quarante huit mille livres pour des gratifications laissées a la disposition des Etats : vint cinq mille livres pour diverses depenses ordinaires : six mille trois cens livres pour ancienes & nouvelles augmentations de gages de Mrs. du parlement de Bretagne : trente cinq mille trois cens livres pour les gratifications de la Cour : trente neuf mille quatre cens livres, pour les gages & gratifications des oficiers de la marechaussée : dix sept cens cinquante livres pour menuës depenses ordinaires : six mille soixante dix livres pour des gratifications ordinaires des petits oficiers des Etats : quinze mille livres pour l'Eveque de Rennes, pre-

sídent

fident de l'ordre de l'Eglife : quinze mille livres pour le Prince de Leon, prefident de l'ordre de la Noblefle : & dix mille livres pour le fenechal de Rennes, prefident de l'ordre du Tiers-Etat : cent vint mille livres pour fon Altefle le Comte de Touloufe, gouverneur de Bretagne : foixante fix mille livres pour le Comte de Chateaurenaud, lieutenant general de la province : trente cinq mille livres pour le marechal d'Etrécs, gouverneur & lieutenant general du comté Nantois : quatorze mille livres pour le marquis de Croifly, lieutenant de Roy du Nantois : quatorze mille livres pour le marquis de Volaire, lieutenant de Roi de la Haute Bretagne : quatorze mille livres pour le Comte de Langeron, lieutenant de Roi de la Bafle Bretagne : cinquante mille livres pour le peyment des deputez a la Cour & a la chambre des comptes, & cent foixante cinq mille cinq cens foixante livres pour les gages des grans & petits oficiers des Etats : cent trois mille quatre cens livres pour les petits gages du parlement, chambre des comptes, & maitres des eaux & forets : neuf mille li-

vres pour frais de cautionement des
baux : quinze mille livres pour etre
diſtribuez en penſions, en la maniere
acoutumée par S. A. le Comte de Toulouſe : un milion trente ſix mille trois
cens ſoixante douze livres dix ſous,
pour les arrerages au denier cinquante
pendant les anées 1729 & 1730 des
contracts, obligations & quitances,
d'avances, dûs par Mrs. des Etats,
peyables de ſix mois en ſix mois, pendant lesdites deux anées, par leur Tre-
ſorier : ſoixante mille livres pour les
gages pendant les anées 1729 & 1730
des Srs. Vandüie, de Gennes, la Bat-
turie, le Bienfils, Ponthaye, Bernard,
Bellabre, Veuve Kercadou, Laurent,
Chanceliere, de Gennes, du Freſne,
Gazon, Lorzel, Pignoniere, Cuille-
rot, aux commis jurez & comptables
des Etats pour le recouvrement des
fouages & inpoſitions extraordinaires
de la province : quatre vint dix neuf
mille huit cens quatre vint huit livres
dix ſous trois deniers, pour autres diverſes depenſes ordinaires & extraordinaires, montant lesdites depenſes en-
ſemble a la ſomme de cinq milions
neuf cens quarante cinq mille trois
cens

cens quatre vint dix fept livres deux fous fept deniers pour y fubvenir; outre le produit de la ferme generale des grans & petits devoirs, qui fe levent fur les debits des vins, cidres, bieres, eaux de vie, ajugez au Sr. Cenant & compagnie, pour la fomme de quatre milions trois cens quarante mille livres, pendant les anées 1729 & 1730 : & la fomme de cent trois mille fix cens vint & une livre fept fols neuf deniers revenant a la province, tant des gages des oficiers fuprimez & reunis aux Etats, que de quelques autres dettes a recouvrer. Les Etats ont eté obligez d'ordoner une levée extraordinaire de huit cens cinquante fix mille livres pour lesdites anées 1729 & 1730, fur les contribuables aux fouages dans les neuf Evechez de Bretagne : plus une autre levée de fix cens cinquante cinq mille livres fur les memes contribuables, a caufe des droits atribuez aux ofices créez fur les fouages depuis l'anée 1692 dont le Roi a acordé la fupreffion par edit du mois de Novembre 1711 aux Etats, avec faculté de joüir des droits & émolumens y atachez : tous lesquels recouvremens

montent

montent a la somme de cinq milions
neuf cens cinquante quatre mille six
cens vint & une livres sept sous neuf
deniers, en ce non compris la capitation, la contribution aux cazernemens,
& plusieurs autres droits & impositions
extraordinaires qui se levent dans la
province, outre & par dessus les sommes cy dessus.

Dez le troisieme jour de l'ouverture
des Etats, l'assemblée avoit nommé divers comitez composez de pareil nombre de membres des trois ordres, pour
examiner l'etat des fonds de la province, verifier l'employ des sommes
acordées dans les precedentes tenués
pour les ouvrages publiqs; dresser les
conditions des baux, des devoirs & des
etapes; examiner les plaintes des particuliers, contre les actions des prepo-
sez au recouvrement des deniers du
Roi & de la province; verifier les con-
treventions aux privileges, franchises
& libertez de la province, & aux contracts passez dans chaque tenuë entre
les comissaires du Roy & les deputez
des Etats; rediger les conditions du
nouveau contract; dresser le cahier de
remontrances, & les instructions des
de-

deputez a la Cour, & procureurs generaux, sindics; examiner la situation
des procez des Etats, tant aux Con-
seils du Roi qu'aux autres tribunaux
du Royaume; & generalement pour
examiner toutes les diferentes branches & especes d'afaires qui interessent
la province: & cez comitez en aiant
rendu compte a l'assemblée, elle a pris
sur tout cela des deliberations convenables, & nommé sous le bon plaisir
du Roi des comissaires des trois ordres
dans les neuf Evechez de la province,
pour la conduite & l'economie interieure des afaires jusqu'a la prochaine
tenuë, & pour porter au Roy le cahier
de leurs tres humbles remontrances.

REFLEXION.

J'ai lû avec plaisir cete relation,
& j'ai compris que la metode des Etats
de Languedoq etoit mieux digérée
que celle de Bretagne; mais je vois en
gros, qu'il seroit a desirer que ces assemblées fussent retranchées. 1. Parce
qu'il est juste & comode pour le gouvernement, que toutes les provinces
d'un meme Royaume soient chargées
en meme proportion du subside anuel

de l'Etat. Or le gouvernement ne peut pas etre feûr que cete proportion foit exactement gardée par raport au revenu anuel de tous les inpofables, fi la maniere de le repartir & de le lever n'eft pas uniforme, & fi par confequent le confeil ne peut pas voir avec certitude a quel fou la livre de fon revenu la province peye le fubfide.

2. Je voi qu'il fe fait beaucoup de depenfe extraordinaire a ces Etats, dont la province pourroit etre difpenfée en retranchant ces affemblées.

3. Il faudroit doner aux Eveques & aux Deputez d'aujourdui, durant leur vie, leur penfion en dedomagement.

4. Suivre durant quelque tems la maniere ancienne de lever le fubfide dans la province, jufqu'a ce que l'on eut perfectioné le fifteme des declarations, & des colectes generales de la Taille tarifiée pour les campagnes, & les Droits d'entrée pour les villes.

5. La tranquilité de l'Etat eft la bafe de tous les biens des fujets, ils ne fauroient l'acheter trop cher : ainfi ce qui peut la troubler, doit etre aboli a quelque prix que ce foit.

Les

Les seditions, les guerres civiles, sont les plus grans maux d'un Etat. Les sujets i perdent leurs biens & leurs vies. Ainsi ce qui peut causer ces maux doit etre aboli, à quelque prix que ce soit.

Une assemblée qui peut resister, & qui resiste quelquefois a l'Autorité Supreme, en refusant ce que le Roy demande, peut causer des seditions & des guerres civiles.

De la il suit que le bon gouvernement, pour conserver la tranquilité de l'Etat, doit abolir les assemblées des provinces d'Etats & du Clergé, comme tant d'autres semblables assemblées ont deja eté si sagement abolies.

OBSERVATION XII.

Amateurs de la distinction.

Les hommes se divisent en deux especes diferentes, & aparemment par deux diferences qui se rencontrent dans la construction des organes qui leur servent a sentir du plaisir & de la douleur; & c'est proprement cette diference qui cause la grande diference de leurs gouts & de leurs passions,

&

& par consequent la grande diference de leurs caracteres. Car les hommes qui se ressemblent tant, par la grande ressemblance des organes de leurs sens, se trouvent cependant tres dissembla-bles, par les diferences qui se trouvent dans ces memes organes.

L'homme a deux sortes de plaisir, & par consequent deux sortes d'orga-nes pour sentir le plaisir.

La premiere sorte est le plaisir des sens exterieurs, tel est le plaisir de boire & de manger, le plaisir que cau-sent les yeux, les oreilles &c.

La segonde est le plaisir de la di-stinction entre ses pareils, qui depend d'un sens interieur, dont l'organe cor-porel qui est aparemment dans le cer-veau ne nous est pas conu. D'autres l'apelent le plaisir de la gloire, mais j'aime mieux l'apeler *plaisir de la di-stinction entre ses pareils*. J'en dis ail-leurs les raisons.

Ce plaisir, ce gout s'aperçoit de bone heure entre enfans de meme age, quand on les tient ensemble ; car si on y prend bien garde, le plaisir des sens auxquels les enfans se divertissent, con-siste particulierement au plaisir de

reüssir

reüffir mieux dans ces jeux que leurs pareils. Les petits enfans font jaloux des careffes que l'on fait, des louanges & autres diftinctions que l'on donne a d'autres enfans leurs pareils , a qui l'on atribuë l'honeur d'avoir mieux reüffi qu'eux.

Il y a des enfans qui par la conftitution de leurs organes & de leur temperament, font plus fenfibles aux plaifirs des fens exterieurs, & ils font trente contre un. Les autres font plus fenfibles au plaifir du fens interieur, de la diftinction , & ils font a peine un contre trente.

Il faut obferver qu'il y a de jeunes gens & des hommes, en qui, foit par le changement de la conftitution de leurs organes , foit par la force des exemples & de l'habitude, devienent quelquefois beaucoup plus fenfibles au plaifir de la diftinction qu'aux autres plaifirs des fens exterieurs. L'habitude nouvelle devient en eux une nouvelle nature.

Il y a peu d'hommes fi ocupez, fi enivrez des plaifirs des fens exterieurs, qui ne foient par intervale un peu fenfibles aux plaifirs de la diftinction, &

de la comparaison entre leurs pareils. .
Mais comme les diſtinctions qui leur
ſont propres, ne ſauroient venir des
talens utiles a l'Etat, parcequ'ils n'ont
pas la force & la patience d'en aquerir
par l'etude & par l'aplication, & parceque le principal reſſort pour les aquerir,
qui eſt le grand plaiſir de la diſtinction,
leur manque; il faut qu'ils ſe retran-
chent ſur les diſtinctions frivoles, ſur
les prerogatives de leur naiſſance,
ſur leurs richeſſes, ſur leurs grans revenus, ſur leur bonne table, ſur leurs
beaux habits, ſur leurs beaux chevaux,
ſur le nombre de leurs domeſtiques,
ſur la beauté de leurs maiſons, de leurs
meubles, ſur la force, ſur l'adreſſe
du corps &c. Voila où ſe borne leur
diſtinction.

Il y a de meme peu d'hommes, ſi
totalement enivrez du plaiſir de la
diſtinction entre leurs pareils, qui
n'ayent des jours, ou du moins des
heures, où les plaiſirs des ſens exterieurs prenent le deſſus. Ils peuvent
meme en etre enivrez quelquefois,
mais ce ſont des ivreſſes paſſajeres.

Tout le monde convient que la
diſtinction la plus precieuſe eſt deüë

a celui qui, par ſes grans talens ou par
ſes grandes peines, ſurmonte de plus
grandes dificultez, pour ariver a diminuër de beaucoup les maux, ou augmenter de beaucoup les biens du plus
grand nombre d'hommes en general,
ou de ſes concitoiens en particulier.
Et il n'eſt pas douteux qu'entre diſtinction & diſtinction, entre gloire & gloire, chaque homme ne deſire la plus
grande, & ſurtout la plus precieuſe;
quoique ſouvent les plus ambitieux de
gloire, ne conoiſſent pas quelle eſt la
plus precieuſe. Ils deſirent alors la
plus deſirée par le vulgaire, au jugement duquel ils s'en raportent tres in-
prudement.

De la on peut conclure que l'Etat
où il naiſt, & où il ſe forme par l'education plus de ces hommes avides de
la gloire la plus precieuſe, plus il i a
de diminution de maux, & d'augmentation de biens parmi les citoiens; &
que le Roi en eſt incomparablement
mieux ſervi, & les citoiens mieux ſe-
courus, que par le grand nombre de
ces faineans debauchez, qui ne ſongent
qu'a multiplier leurs plaiſirs des ſens
exterieurs.

E 2

De

De la il fuit que pour les emplois publiqs, il faut toujours preferer les plus fenfibles aux plaifirs de la diftinction, quand ils conoiffent la plus precieufe.

OBSERVATION XIII.

Utilité des Conferences pour perfectioner les Arts & les Siences.

Les parens, dans l'education publique qu'ils procurent a leurs enfans, cherchent a leur doner des lumieres & des talens, avec lesquels ils puiffent foufrir moins de maux, & gouter plus de biens, que ceux qui n'ont pas pareil avantage; & devenir ainfi plus hûreux, foit par une grande fortune, foit par une grande fageffe. Car la grande fageffe a cet avantage fur la fortune, qu'elle peut rendre un homme tout des plus hûreux dans une petite fortune, ce que ne peut pas la grande fortune fans beaucoup de fageffe.

Notre corps prend fa grandeur, fes forces entieres a certain age, il a fes bornes; mais notre efprit n'a aucunes bornes, il peut toujours croitre en etenduë d'idées, en jufteffe de raifonement,

&

& en habitude a la vertu. Or au sortir du colege, & meme a l'age de 25 ou 30 ans, nous n'avons pas moins besoin de la metode & de l'exercice des academies & des conferences, pour faire croitre nos talens & nos vertus en moins de tems que dans l'adolescence : nous avions besoin de la metode & des exercices des coleges, pour diriger nos premieres etudes, pour multiplier nos conoissances, & pour faire croitre nos habitudes aux vertus.

Ce qui suplée parmi les hommes a la metode du colege, c'est la metode des academies, ou des conferences qu'ils font, sur les matieres qui sont ou de leur profession, ou de leur gout.

Ils n'ecoutent plus un professeur, un regent, mais ils s'ecoutent les uns les autres. Ils ecoutent avec plus d'attention, ceux qui ont aquis plus de reputation dans la compagnie ; ils profitent des lumieres les uns des autres ; ils contredisent leurs pareils, & en sont contredits ; & l'autorité des uns, & la contradiction des autres, la crainte d'etre ou meprisé ou moqué, & le desir d'etre aplaudi & de surpasser ses pareils, les anime tous au travail, & augmente

leur

leur aplication & leur attention, d'où depend le grand acroissement de l'esprit. Mais il faut avouër que jusqu'ici dans les academies, on songe bien plus a disputer a qui aura plus de conoissances, plus de justesse & de force dans ses raisonnemens, qu'a disputer a qui aura plus de politesse dans la dispute, & plus de douceur & de patience dans le comerce de la vie.

Il manque aux Parlemens, aux Maitres des Requetes, des conferences sur la Jurisprudence, & particulierement sur la Politique, pour doner plus d'etenduë a leur esprit ; qui, faute de vuës generales, se trouve borné a des objets particuliers, & par cete raison ne se trouve guercs plus propre aux afaires du Gouvernement, que les gens de Guerre & les gens d'Eglise. Il est evident qu'a cause de l'exercice continuel, & de la contradiction continuelle qu'ils auroient dans des conferences de Politique, leur esprit deviendroit plus propre aux afaires du Gouvernement.

Il nous manque dans Paris beaucoup de pareilles conferences, surtout pour les jeunes gens des trois Ordres principaux, guerre, magistrature, clergé ;

&

& des autres Professions, ingenieurs, negocians & financiers. Ces petites academies subalternes feroient, pour ainsi dire, les pepinieres des academies superieures du meme genre.

Ces academies subalternes recevroient les jeunes gens qui veulent se distinguer entre leurs pareils, au sortir des coleges. Cela diminuëroit fort les jeux & les debauches. Ces exercices augmenteroient de beaucoup la vigueur des esprits de la nation. Ce qui prouve combien nôtre Police est encore inparfaite, c'est que nous ne faisons que commencer a sentir les grans avantages qu'un grand Etat peut tirer d'un grand nombre de conferences diferentes, lorsqu'elles sont bien dirigées.

Il faut des conferences militaires entre gens de guerre, pour raisoner sur leur metier; ils le savent bien moins, que les gens de robe ne savent le leur; & savent encore moins les afaires du Gouvernement, & surtout les finances. Mais s'il y avoit des assemblées journalieres parmi eux sur leur metier, & s'ils etoient melez quelquefois avec les gens de robe dans les academies politiques, ils deviendroient tous les

E 4   jours

jours plus habiles, & leur esprit croitroit tous les jours en conoiſſances ; ce qui n'arive pas, quand il n'eſt plus exercé.

Pour devenir propre au Gouvernement, il faut une grande habitude aux ouvrages de plume ; & les gens de guerre, a moins qu'ils ne ſoient ingenieurs, n'ont pas aſſez d'habitude avec les ouvrages qui dependent de la plume.

Il n'i a proprement que la metode des conferences, qui puiſſe produire un acroiſſement perpetuel & vif de l'eſprit humain : car ſans cela il devient borné comme le corps, il ne croiſt plus, il perd autant d'ancienes conoiſſances qu'il en aquiert de nouvelles, il manque & d'emulation pour inventer, & de contradiction ſufiſante pour rectifier ſes penſées & ſes inventions.

On ne trouve preſque point en France d'habiles politiques, parceque ceux qui entrent dans le Gouvernement, n'ont point eté exercez auparavant dans des conferences politiques ; ils n'ont eté ni excitez par emulation, ni dirigez par la contradiction. On en trouve beaucoup davantage en Angleterre : c'eſt que leurs Cafez leur ſervent de conferences.

O B.

OBSERVATION XIV.

Liberté aux Pauvres de travailler les Dimanches après midi.

1. La prohibition de travailler les dimanches, est une regle de Discipline Eclesiastique ; & le Concile qui a fait cete regle generale, supose seurement que ceux qui doivent discontinuër leur travail tout le jour, n'ont pas besoin de ce meme travail pour nourrir leurs familles, & que le matin ne leur sufit pas pour recevoir l'instruction necessaire au salut.

2. C'est donq une grande charité, & une bonne euvre, plus agreable a Dieu qu'une pure ceremonie, que de doner aux pauvres familles le moien de subvenir a leurs besoins & a ceux de leurs enfans, par sept ou huit heures de travail, & les moyens de s'instruire eux & leurs enfans a l'Eglise, durant trois ou quatre heures du matin.

Si chaque Eveque, chaque Curé, pouvoit rendre aux pauvres qui sont sufisament instruits, la liberté de travailler les Jours de fetes, & les Dimanches, après avoir entendu la messe

 &

& l'inſtruction ; cete liberté ſeroit d'un
tres grand ſecours a ces pauvres familles, & aux hopitaux memes.

3. Pour comprendre de quel ſoulagement ſeroit aux pauvres la continuation de leur travail, il n'i a qu'a
conſiderer que ſur cinq milions de familles qui ſont en France, il y en a
au moins un milion qui n'ont preſque
aucun revenu que leur travail, c'eſt a
dire qui ſont pauvres : & j'apele pauvres ceux qui n'ont pas trente livres
tournois de rente, c'eſt a dire la valeur
de ſix cens livres de pain de rente.

Ces pauvres familles pouroient gagner au moins cinq ſous par demi Jour
de fete, l'un portant l'autre, pendant
les quatre vint & tant de Jours de fetes & Dimanches de l'anée. Chacune
de ces familles gagneroit donq par ſon
travail, au moins vint livres par an de
plus ; ce qui feroit pour un milion de
familles, plus de vint milions de livres.
Or quelle aumone ne feroit - ce point
qu'une aumone anuele de vint milions,
repanduë avec proportion ſur les plus
pauvres ? N'eſt - ce pas la un objet
digne d'un Concile national, qui pourroit ainſi perfeçtioner une anciene regle

gle Eclefiaftique, & la rendre encore plus conforme a l'efprit de juftice & de bienfaifance, c'eft a dire plus cretienne dans le fonds qu'elle n'eft aujourdui?

4. A l'egard meme de ceux qui ne font pas pauvres, il y a une confideration qui porte a croire, que fi après la meffe & les inftructions du matin, ils fe remetoient a leur travail & a leur negoce l'après midi, ils n'iroient pas au cabaret depenfer, au grand prejudice de leurs familles, une partie de ce qu'ils ont gagné la femaine; ils ne s'enivreroient pas; ils ne fe quereleroient pas au jeu; & eviteroient ainfi les maux que caufent l'oifiveté & la ceffation d'un travail inocent & utile pour eux & pour l'Etat. Et qui ne fait que l'ocupation continuelle eft la mere de l'inocence!

5. Si lorsque les premiers Canons fur la ceffation de travail ont eté formez, les Eveques qui les formoient avoient vû des cabarets & des jeux établis, s'ils avoient prevû tous les defordres que devoient caufer l'oifiveté & la ceffation d'ocupation journaliere; ils fe feroient bornez a l'audition

tion de la messe, & a assister aux instructions du matin.

D'ailleurs les maitres d'ecoles, les vicaires, les curez, n'ont ils pas toute la semaine a instruire & a catechiser les enfans, & ceux qu'ils croient n'etre pas sufisament instruits de ce qui est necessaire a croire, a faire, & a eviter, pour obtenir le paradis & pour eviter l'enfer?

Ces instructions sont courtes, simples, & se reduisent a peu d'articles : mais ce travail extraordinaire, entrepris pour la subsistance de leur famille, acompagné d'innocence, de foy, d'esperance & de charité, ne vaut il pas encore mieux que les vepres ? soit pour aquerir les biens necessaires a la vie presente, soit pour obtenir les biens de la vie future. Et meme ne peut on pas les exhorter a chanter ces jours la en langue vulgaire, en travaillant, les loüanges de Dieu mizes en chanzons, pour les bienfaits qu'ils reçoivent de lui?

Il faudroit commencer par remettre toutes les fetes au seul dimanche, & regler les heures de travail du dimanche apres deux ou trois heures de prie-

res

res ou d'inſtruction &c. & quatre heures, pour les enfans qui travaillent moins.

OBSERVATION XV.

Maiſons de Corection.

Il n'i a point aſſez de maiſons de corection, en France. Il devroit y en avoir une dans chaque ville d'intendance, & une eſpece de priſon des garſons, qui devroit être gouvernée par des Religieux habiles ; & celle des filles, par des Veuves ſpirituelles. On les puniroit par l'ennui, & cet ennui leur feroit deſirer, ou de converſer avec les Religieux habiles, ou de lire des Livres de Morale.

Le plus grand bien de ces priſons, n'eſt pas tant le profit des priſoniers, que la crainte ſalutaire qu'elles inſpireront a la jeuneſſe : car les hommes ſe contienent, & font moins de fautes & moins grandes, quand ils voyent le chatiment presque preſent de la mauvaiſe conduite ; ils devienent aſſez ſages, pour preferer un petit mal a un plus grand. Or l'habitude à la regle, & l'exemple, viennent au ſecours de la raiſon naiſſante.

On

On metroit le garſon dans cete priſon, ſur l'ordre de l'intendant, qui le
doneroit ſur la demande du pere & de
la mere.

OBSERVATION XVI.

Les Parlemens ont trop d'etenduë.

Comme les ſujets & les afaires ont
beaucoup multiplié depuis trois ou
quatre cens ans, il faudroit pour la
comodité des conteſtans multiplier les
Parlemens.

Il en faudroit un a Caën, pour la
Baſſe Normandie; un a Vannes, pour
la Baſſe Bretagne; un au Mans, pour
le Maine; un a Tours, pour la Tou-
raine; un a Poitiers, pour le Poitou
& Peïs voiſins; un a Amiens, pour la
Picardie; un a Bourges, pour le Berri,
pour l'Auvergne, & pour partie de
l'Orléanois; & pour le Bourbonois,
ajouter le Lionois a Grenoble. Les
Parlemens de Bordeaux & Toulouſe
ont auſſi, ce me ſemble, trop d'e-
tenduë.

Il ne faut point de venalité dans
les charges de juges, mais ſeulement
la metode du ſcrutin, que l'on etabli-
roit

roit enfuite avec le tems parmi les procureurs, huiffiers, grefiers, & tous amovibles.

Je voi bien que ceci n'eft ni demontré, ni aprofondi : c'eft que ce ne font que des fragmens politiques, qui ne doivent etre confiderez que comme matieres dignes d'etre examinées.

OBSERVATION XVII.

Pour former le Bureau de l'examen des Loix Civiles.

Dans le livre que j'ai doné au publiq pour diminuer les fources des procez, on remarque facilement que ce projet n'eft proprement qu'une continuation du beau projet du feu Roi Louïs XIV. de diminuer les grans maux que caufe la longueur des procez. Il avoit commencé, par fon ordonance de 1667. a les abreger. Mais qui ne voit que le Roi fon fuccefleur feroit quelque chofe de beaucoup plus utile, d'en faire tarir la plupart des fources ?

J'ai montré, dans cet ouvrage, que fi nous avions feulement vint ou vint cinq ordonances fur les matieres principales qui caufent nos procez, & que

les

les articles de ces ordonances reglaſ-
ſent clairement plus de douze cens
cinquante cas, qui ſont venus a notre
conoiſſance, & qui ſont demeurez in-
decis depuis environ 140 ans, c'eſt a
dire depuis les dernieres reformations
de nos coutumes, ces ordonances feroient tarir entierement plus de douze
cens cinquante ſources de procez.

J'ai montré que le defaut de ces
douze cens cinquante articles, produit
par an plus de trois cens ſoixante mille
procez dans le Roiaume ; ce qui eſt
une perte de plus de ſoixante & douze
milions par an pour les particuliers,
& la cauſe d'une infinité d'inquietu-
des, de chagrins, & d'aflictions anueles,
pour plus de quatre cens mille familles.

Entre les divers moiens que je pro-
poſe, il i en a un general qui renferme
tous les autres : c'eſt de former, ſous
la direction du chef de la magiſtrature, l'academie du Droit François,
compoſée d'un certain nombre d'academiciens ; les uns honoraires & juges,
qui ne ſeroient obligez que d'aſſiſter
aux aſſemblées où l'on examineroit
quelques articles qui doivent compoſer

une

une ordonance ; les autres travailleurs & penfionaires, qui s'ocuperoient dans leur cabinet a compofer ces articles.

Comme la plupart des bons travailleurs n'ont qu'une petite fortune, & qu'ils ont befoin de fecours pour l'entretien de leurs familles ; il eft jufte que l'Etat, en les emploiant au fervice du Publiq, leur donne des penfions qui les dedomagent avantageufement du tems dont ils feroient peyez, s'ils l'emploioient au fervice des particuliers.

Si pour epargner aux fujets foixante & douze milions de perte anuele, il ne leur en coutoit que foixante douze mille livres d'augmentation dans les fubfides generaux de la taille, des aides, de la gabelle, des entrées, & de la capitation, il ariveroit que toutes les familles gagneroient mille pour un. Or le Gouvernement pourroit-il fe difpenfer de demander dans les fubfides une fi petite augmentation ? par exemple, un denier de plus par livre, pour procurer aux fujets un auffi grand avantage, qui iroit a la decharge de plus de huit fous par livre de pertes anucles qu'ils font en procez, outre leurs fubfides ordinaires.

J'ai vu avec plaifir que depuis mon Ouvrage, Mr. le Chancelier avoit commencé a former le bureau de legislation chez lui, & que ce bureau avoit fait l'ordonance fur les donations. Mais je demanderois une petite academie du Droit François, qui fervit comme de pepiniere perpetuelle a ce bureau perpetuel de legislation; & je voudrois que le choix des membres de ce bureau fe fit par fcrutin, entre vint ou trente academiciens de cete academie.

OBSERVATION XVIII.

Police fur le Pain pour eviter la Famine.

En donant a Paris neuf livres de faffon pour fetier au boulanger, il gagne fufifament: je fupofe le marq d'argent a quarante huit livres dix fous, ou cinquante livres.

Le fetier de froment a Paris, donne deux cens livres pezant de farine nette de fon.

Deux cens livres de farine jointes a l'eau, font deux cens foixante dix livres de pain blanc.

Un

Un denier d'augmentation fur chaque livre de pain blanc, fait une augmentation de vint fous par chaque fetier, ou environ.

Le fetier de bon froment à Paris,
peze deux cens quarante livres.

Pour cuire cent fetiers, il faut cinq
voyes de bois a 18 ℔ c'eft quatre vint
dix livres, qui font dix huit fois cent
fous. Ainfi chaque fetier confume pour
dix huit fous de bois cy -   -   18 f.
Mouture, transport, chargement,
      mefurage. -   -   1 ℔ 10 f.
Garfon ou fervante. ⸰   1
Loyers, uftanciles. -   1
Pains du maitre. - , -   1
                           —————
    Debourfé -   5   8
Profit du boulanger, nourriture
      de famille. -   -   2   12
Prix du fetier de bled. - 18
                       —————
            26   0 0

Les deux cens livres de farine d'un
fetier de blé font deux cens foixante
dix livres de pain, a deux fous la livre,
font vint fept livres, au lieu de vint
fix livres. Donq le boulanger, en
gagnant neuf livres par fetier, gagne
fuffifament.

                       Un

Un pauvre boulanger fait cuire au moins quatre fetiers par femaine, ou cinquante quatre pains de chacun dix livres, par chacun des deux jours de marche. Son profit outre le deboursé, montera a fept cens quarante huit livres feize fous, car il y a cinquante deux femaines : c'eft deux cens huit fetiers par an, a trois livres douze fous de profit, tous frais faits, par chaque fetier.

Donq le pain blanc ne doit valoir que deux fous la livre chez le boulanger, lors que le froment vaut a la hale dix huit livres le fetier.

Ainfi la Police doit obliger le boulanger a doner le pain a deux fous dix deniers, ou au plus a trois fous, lorsque le fetier fe vend trente livres a la hale ; & cependant il fe vend quatre fous, ainfi il gagne de trop, plus de quinze livres par fetier fur le peuple.

Pour que le pain de deux fous la livre augmente d'un fou, il faut que le fetier de dix huit livres augmente de treize livres dix fous, & qu'il foit vendu trente une livre dix fols a la hale.

J'apele

J'apele famine, le tems où l'on est obligé d'acheter la livre de pain trois fois plus cher que l'ordinaire.

Ainsi comme dans un prix comun du pain composé d'une anée compofée des dix dernieres anées, le prix comun du pain blanc de froment vaut a Paris un sou & demi ; quand il vaudra quatre sous six deniers, ce sera famine.

Je supose que le ministre sache par les curez le nombre des habitans de chaque intendance, & combien chaque famille de cinq persones, dont deux enfans, consoment de pain, cela ne sera pas dificile, quand il le voudra comme on veut une chose trez inportante.

Je supose que chaque subdelegué soit informé tous les ans par les curez, & l'intendant par ses subdeleguez au mois de Decembre, & le conseil par les intendans, de la quantité de gerbes de blé de chaque paroisse, & combien il faut de gerbes cete anée au quintal. Cela ne sera pas dificile par les curez decimateurs, & par la deposition des laboureurs ou des fermiers decimateurs, faite aux curez qui ne sont point decimateurs.

Le curé decimateur qui leve fa dixme a la treizieme gerbe, & qui a levé mille gerbes de froment, fait que les paroiffiens en ont recueilli douze mille, la dixme peyée.

Or cela fupofé, il fera facile au miniftre de favoir fi la recolte de cete anée fufit, ou ne fufit pas pour la nourriture des habitans; & de combien elle eft trop forte, & par confequent combien on doit en tranfporter dans les peys etrangers; ou de combien elle eft trop foible, & par confequent combien il en faut tirer de l'etranger.

Or quand le peuple faura qu'il y en a affez, nul ne s'avifera par crainte de famine de faire magazin, & nul n'ofera faire la monopole, de peur d'y perdre: tout ira continuelement au marché, ainfi point de famine a craindre, & le Roi ne fera point obligé a tenir des magazins pleins contre la famine poffible.

Il faut meme obferver que tous ces denombremens fe perfeƈioneront chaque anée.

Celui qui voudra reduire cete vuë en projet demontré, doit 1. montrer par l'hiftoire des famines paffées, qu'el-

les

les font arivées en France, en feize ou dix fept ans, une fois. 2. Combien le Roiaume perd d'habitans. 3 L'eftimation de la perte anuele que caufent ces habitans perdus.

Les paroiffes qui manqueront a doner leur declaration une anée par la negligence du curé, pourront etre fupléées au bureau de l'intendant, par les declarations des trois anées precedentes. Ainfi le denombrement general du miniftre, n'en foufrira pas d'une maniere fenfible.

Il feroit a propos qu'un des Bureaux du Confeil fut marqué, pour avoir la direction des blez, des maladies epidemiques, des hopitaux, des mandians, & des pauvres de chaque paroiffe.

OBJECTION.

Ce fera une contrainte pour les Curez, & ils ne diront pas toujours vrai.

REPONSE.

I. Quand ils fauront qu'avec ces denombremens, le peuple fera pour toujours garanti de la famine, par l'achat du blé etranger, & de la trop

 grande

grande vilité du prix du blé, par les permiſſions qu'ils auront d'en vendre a l'etranger, ils envoyeront volontiers leur declaration veritable au ſubdelegué.

2. L'edit poura condaner ceux qui manqueront a envoyer la declaration, & les faux declarans, a une amende de douze livres. Ainſi, par crainte de la punition, ils doneront leur declaration a tems, & la doneront vraie.

3. On ſait bien, que toute Police cauſe quelque contrainte des particuliers ; par exemple, balayer devant ſa porte, alumer une lanterne. Mais le bien general qui en reſulte pour ces particuliers meme, ſurpaſſe infiniment le mal que cauſent cete petite contrainte & ces petites amendes.

OBSERVATION XIX.

Inconvenient de l'inſtitution des Fiefs, moyens d'y remedier.

Parce que j'ai pu voir dans les auteurs qui ont traité de l'origine des fiefs, j'ai compris que ni les Grecs, ni les Romains, dans l'etat le plus floriſſant de ces nations, ne conoiſſoient point

point cet ufage. Ce n'eft pas qu'il ne
fût peutètre conu le long du Danube,
& qu'il n'y eut peutètre eté etabli par
quelque Conquerant de la Nation Ger-
manique, pour exciter fes oficiers & fes
foldats a faire des conquêtes, dans l'efperance de depofleder les vaincus de
leurs terres & de leurs maifons, & de
doner enfuite ces terres & ces maifons
a rentes en blé.

Les Conquerans pouvoient fe fervir
de ce reglement, tant pour former un
plus grand nombre de combatans, que
pour les encourager a bien ataquer :
mais par la meme raifon, c'etoit un
plus grand motif pour exciter dans les
ataquez un plus grand courage pour
defendre leurs poffeffions.

A mefure que la raifon humaine a
pris de l'acroiffement, les conquerans
ont pris des maximes plus fuportables
aux vaincus. Ils ont laiffé, non aux
Rois & aux principaux Seigneurs,
mais aux peuples vaincus, leurs terres,
leurs maifons, leur liberté, & n'ont
demandé aux peuples que les memes
tributs anuels qu'ils donoient a leurs
Princes vaincus.

F 5   Depuis

Depuis plus de mille ans les Souverains n'ont pas conquis de terres, mais feulement des tributs, des fubfides fur les terres. Les Turcs eux memes, qui jufques vers l'an 1450 avoient etabli en Azie la diftribution des terres & des efclaves aux oficiers, a condition de fervir a l'armée, ou d'i entretenir des foldats, n'ont plus demandé que des tributs aux Grecs d'Europe qu'ils ont affujetis.

Les Turcs, dans leurs premieres conquetes, firent beaucoup de Timariots ou de Comanderies a vie, compofées de certaine quantité de terres. Nos ancetres conquerans, dez le tems de Clovis, donoient tant de terres conquifes a leurs oficiers, a condition de fournir tant de foldats, du tems de Charlemagne. Ces terres ainfi diftribuées, s'apeloient fiefs. Il y en avoit de grans, qui avoient dans leurs dependances de moindres fiefs, qui recevoient le commandement de leur fuperieur, & le fuperieur recevoit les ordres du Roi. Les grans fiefs, ni les petits, n'etoient qu'a vie; mais ils font enfin devenus hereditaires, a condition du fervice du Ban & Ariereban. Avec l'ex-

l'experience, nous nous fomes degou-
tez de cete forte de fervice, depuis que
nous avons vû qu'une milice reglée,
toujours entretenuë en infanterie & en
cavalerie, valoit incomparablement
mieux que les troupes du Ban & de
l'Arriereban, c'eft a dire de ceux qui
devoient des fervices a caufe de leurs
fiefs.

C'eft que l'infanterie & la cavalerie
etant toujours en corps, eft bien plus
facile a difcipliner, & fe trouve toujours prete a agir. Le Roi a moins
de troupes, mais elles font meilleures,
& peuvent agir toute l'anée. Au lieu
que les troupes des fiefs n'etoient obli-
gées de fervir a leurs depens, que trois
mois de l'anée dans le Royaume, ou
fix femaines hors du Royaume.

Or l'etabliffement des fiefs qui dans
la pratique ne s'eft pas trouvé a beaucoup près fi avantageux aux Princes
pour la guerre, que les milices entre-
tenuës avec la folde que fourniffent les
fubfides ordinaires, fe trouve aujourdui trez nuifible au gouvernement civil dans la paix.

Mon opinion feroit donq qu'il n'y
eut plus de biens nobles, c'eft a dire
qu'il

qu'il n'y eut ni fiefs, ni terres exemtes des subsides de l'Etat, afin de prevenir tous les procez qui naissent tous les jours de la jurisprudence des fiefs.

Que les gentilshommes dans les campagnes peyassent la capitation, & les roturiers leur taille, & qu'ils peyassent tous a proportion de leur revenu, mais les nobles sur un pied plus modique que les roturiers; parceque la noblesse sert mieux l'Etat a proportion dans les emplois, que les roturiers.

Il faudroit pour cet efet etablir dans chaque Parlement une comission pour estimer les dedomagemens, en faveur des proprietaires des fiefs, & en faveur du domaine du Roy, par des rentes en argent rachetables par leurs vassaux, les droits de lots & ventes, rentes en denrées, servitudes & autres droits seigneuriaux; tout cela en rentes rachetables, sur le pied qu'elles sont defalquées dans les decrets.

Il ne faut point a l'avenir de titres de duché, de comté, de marquisat, de baronie, atachez aux terres hereditaires: mais ces titres de distinction ne doivent jamais etre que personels, parceque c'est au merite personel seul

que

que font duës les marques de diftinction. C'eft la principale fource de
l'emulation que l'on doit entretenir
entre les citoyens, a qui rendra de plus
grans fervices a la patrie.

OBSERVATION XX.

Religieux non pretres pour les hopitaux
& pour les Coleges.

Je fuis de l'avis de ceux qui croient
que les coleges & les hopitaux feront
mieux dirigez ; pour le detail du fpiri-
tuel & du temporel, par des Religieux
non pretres, que par des feculiers ;
pourvû que les magiftrats feculiers de
chaque ville aïent infpection fur le
temporel, & meme un peu fur les pratiques fpirituelés, pour les diriger uniquement vers l'obfervation de la juftice, & vers la pratique de la plus grande bienfaifance, pour plaire a Dieu;
ce qui eft en meme tems le moyen le
plus eficace pour obtenir le paradis,
& pour rendre la vie trez hûreufe fur
la terre.

Entre les raifons de mon avis, je
mets la confideration que les feculiers
qui font regens des claffes, & les autres
oficiers

oficiers des coleges & des hopitaux, font une depenſe de plus de moitié plus grande aux depens du publiq, que les Religieux. Or cete diminution de depenſe doneroit a chaque Etat la moitié plus de coleges & d'hopitaux, ou du moins un plus grand nombre de repetiteurs & d'oficiers de ſuplément.

Juſqu'a preſent les Jeſuites ont une grande ſuperiorité, ſur les autres Religieux qui ont des coleges; mais malhûreuſement ils ont un general dans un Etat etranger, & qui croit que le Pape peut depoſer les Rois. Au lieu qu'en France les generaux des autres ordres reſident dans la capitale, & ne ſont point dans une pareille erreur. Or c'eſt a mon avis un grand inconvenient pour cet inſtitut, par raport au gouvernement politique. Mais il me ſemble qu'il ne ſeroit pas impoſſible de faire elire un general françois pour la congregation des Jeſuites de France, & d'ordoner qu'il reſidat dans la capitale, un general alemand pour l'Alemagne, un general eſpagnol pour l'Eſpagne, un general polonois pour la Pologne, un general portugais pour le Portugal &c.

Si

Si je prefere ici les non pretres aux pretres, c'eſt par raport au ſervice du publiq : c'eſt que l'obligation du breviaire & de la meſſe emporte le long de l'anée beaucoup d'heures precieuſes, aux depens du ſervice que l'on rendroit aux pauvres & aux ecoliers. Et j'aprouve fort le ſtatut du fondateur des Religieux de la Charité, qui defend de prendre pour ſuperieur, pour procureur, pour econome, un Religieux pretre. Ce n'eſt pas qu'il n'y ait des pretres parmi eux, pour confeſſer, pour dire la meſſe, pour doner les ſacremens : mais ils ne ſont pas la ſixieme partie des autres, & n'ont point de part au gouvernement.

OBSERVATION XXI.

TRES INPORTANTE.

Pour rendre la diſtribution des Benefices plus utile a l'Egliſe & a l'Etat.

En France le Roi diſtribuë anée comune, au moins pour cinquante mille onces d'argent, ou trois cens mille livres de rente, en benefices ſimples ou de non reſidence, ou en penſions ſur les benefices de reſidence.

On

On peut deſtiner ces bienfaits a des uſages beaucoup plus utiles a l'Egliſe & a l'Etat, qu'ils ne ſont. 1. Un quart pour faire ſubſiſter dans les coleges, dans les ſeminaires, & dans les comunautez, les enfans des pauvres gentilshommes. Ce quart monteroit anée comune a douze mille cinq cens onces d'argent, & feroit cent vint cinq penſions de cent onces chacune.

2. Il faudroit un ſegond quart deſtiné pour recompenſer ceux d'entre les Ecleſiaſtiques qui ſe diſtingueroient entre leurs pareils, par des ſervices rendus a l'Egliſe & a l'Etat ; par exemple, ceux qui dans les Conſeils, ou parmi les Eveques, ou dans les Cours ſuperieures, ou dans les Academies politiques, ou dans les Negociations, ou par leurs Sermons , ou par leurs Ecrits, ſont diſtinguez entre leurs pareils par l'utilité de leurs ſervices. Ces penſions ſeront plus & moins fortes ſelon les ſervices & les talens, & diſtribuées par ſcrutin.

3. Il faudroit un troiſieme quart deſtiné partie aux petites penſions des Religieux , & meme des Seculiers de la capitale, diſtinguez par leurs talens

&

& par leurs fervices ; partie a ceux
qui fe diftinguent dans l'adminiftration
des hopitaux ; partie a ceux qui fe diftinguent dans l'adminiftration des coleges ; partie a ceux qui, dans les fiences, fe diftinguent dans les Siences &
dans les Arts.

4. Enfin il faudroit un quatrieme
quart deftiné a gratifier tous les ans
de cent vint cinq penfions de 600 cens
autres Eclefiaftiques des provinces de
toute efpece, curez & chanoines, ecrivains qui par leurs talens ont rendu
des fervices diftinguez a l'Etat & a
l'Eglife ; & au nombre de ces talens
utiles, il faut mettre particulierement
ceux qui reüffiffent dans les arbitrages
& dans les reconciliations.

Pour encourager ce grand nombre
d'Eclefiaftiques a travailler a l'envi,
& a fe furpaffer les uns les autres en
travaux & en talens les plus utiles aux
fideles, il faut que chacun foit feur
que fon merite fera pezé & balancé
exactement par fcrutin avec le merite
de fes pareils, par fes pareils memes
de la meme compagnie de trente ou
environ, qui auront eu les facilitez &
les occafions de fe conoitre ; & cela

Tom. VII. G felon

ſelon le tour de chaque compagnie, comme je l'ai expliqué dans un autre Memoire, où je montre les moïens d'etablir & de perfectioner la metode du ſcrutin.

Avec cete metode le Roi ſera ſeur de doner les benefices ſimples, & les penſions eclefiaſtiques, a celui qui ſera de plus grand merite, ou du moins a l'un des trois les plus eſtimables de ſa compagnie de trente.

Le Roi pouroit ainſi doner par an cinq cens penſions de ſix cens livres chacune, & en doner quelquefois pluſieurs a un meme homme, ſelon la plus grande utilité de ſes travaux pour le publiq. J'ai pluſieurs raiſons pour divizer ainſi ces recompanſes en petites penſions. 1. Cela procure a l'Eglize & a l'Etat un plus grand nombre de travailleurs diſtinguez, & de travaux utiles. 2. Ces petites augmentations rendent les Eclefiaſtiques plus economes. 3. Ils en goutent mieux leur fortune. 4. Ils travaillent toute leur vie, parce qu'ils ont a eſperer toute leur vie la recompanſe de leurs travaux.

Si l'on fait deux compagnies, d'environ trente chacune, des pretendans

aux

aux Evechez; & si les membres de ces deux compagnies ont des ocasions sufisantes de se conoitre, par des conferences sur les hopitaux, sur les coleges, sur les metodes les plus propres a inspirer le desir d'etre juste & bienfaisant; & si l'on banit par les comissaires toute cabale interieure & exterieure; le Roi sera seur de choisir toujours pour Eveques les meilleurs sujets, & ces deux compagnies fourniront tous les ans année comune quatre bons Eveques, & les quatre compagnies inferieures nommeront des sujets pour remplacer les quatre places vacantes dans les deux compagnies de pretendans.

A l'egard des etudes des Eclesiastiques, il faudroit diminuër des trois quarts les questions peu utiles a la societé, & augmenter des trois quarts les conferences de pratique, de justice & de bienfaizance, incomparablement plus utiles aux fideles, que les Ecoles de speculation de Sorbonne.

1. Conferences sur les hopitaux, ou l'on aprendroit la meilleure administration.

2. Con-

2. Conferences ſur l'education des enfans, garſons & filles.

3. Conferences ſur les meilleures metodes pour inſpirer le deſir d'etre juſte & bienfaizant.

4. Conferences de conciliation & d'arbitrages.

5. Conferences ſur le perfectionement des Seminaires.

6. Conferences ſur la ſience du Gouvernement.

Dans ces ecoles les Etudians auroient ocaſion de conoitre le degré d'intelligence, d'aplication, de patience, de zele pour le bien publiq, les uns des autres.

Ils aprendroient les principaux devoirs des Eclefiaſtiques, pour rendre ſervice aux fideles. Ils aprendroient les principes du Gouvernement, en cas qu'ils ſe deſtinaſſent aux emplois publiqs ; car ils doivent etre citoyens, & conoitre les devoirs de citoyen, avant que d'etre eclefiaſtiques.

Il y a deux ſortes d'eſprits laborieux propres a ſervir l'Etat. Les premiers plus vifs, plus inquiets, cherchent un travail plein de varieté & de diſſipation.

Ils

Ils aiment le mouvement corporel, ils ne craignent point les voyages, & font plus propres a faire executer les reglemens qu'a les former, plus propres a gouverner les hommes qu'a rectifier les ſtatuts. Il faudroit diſtribuër a ceux la les Prieurez, les Abayes, & les Evechez, chargez de penſions.

Les ſegonds plus calmes, plus meditatifs, ſont plus propres a former de bons projets & de bons reglemens nouveaux, & a rectifier les anciens, qu'a les faire executer. C'eſt pour cete ſegonde eſpece, que les penſions ecleſiaſtiques doivent etre reservées.

Dans le plan d'elever un grand nombre d'excelens eſprits bons citoyens & bons politiques, & de les tenir toujours aſſidus au travail par l'eſperance des benefices & des penſions, je ſuis de l'avis de ceux qui veulent laiſſer aux inventeurs le plus de loiſir qu'il eſt poſſible, pour inventer & pour perfectioner leurs decouvertes. Ainſi il eſt a propos de leur epargner les ſoins que donent la regie d'une Abaye ou d'un Prieuré, le ſoin de renouveller les baux & les titres, le ſoin des reparations, le ſoin de pourſuivre les procez,

G 3

cez, tant en defendant qu'en deman
dant, ce qui emporte beaucoup d
·tems.

OBJECTION I.

Cete voye que vous montrez aux
jeunes Abez pour obtenir des benefi
ces, eſt certainement la plus utile pour
les fideles : mais ils quiteront bientot
les ecoles de Sorbonne, comme ecoles
infructueuſes. Ainſi nous aurons des
Eveques habiles dans la ſience du gouvernement des hopitaux, des coleges, &c. mais nous n'en aurons que
peu d'habiles teologiens.

REPONSE.

1. Les conoiſſances teologiques miſes en diſputes, diminuënt plus ſouvent
la foi des miſteres, qu'elles ne l'augmentent.

2. Les peuples n'ont plus beſoin
pour etre ſufiſament inſtruits, que des
conoiſſances qu'il eſt facile d'avoir par
les catechiſmes. Nous n'avons plus
de controverſes a ſoutenir.

3. Ceux qui ecriront le plus habilement ſur la Teologie ſeront recompenſez,

penſez, ou par des benefices, ou par des penſions; ils feront partie de l'academie qui ſera ſous la direction du miniſtere de la Religion, entant qu'elle fait partie du Gouvernement civil. Il eſt vrai qu'ils feront en moindre nombre, que ceux qui ſe devouëront au ſervice des hopitaux & des coleges : mais ce nombre ſera toujours ſufizant par raport a la plus grande utilité de l'Etat, qui doit toujours etre le but de la diſtribution des recompenſes de l'Etat.

4. Il y a de bons abregez de Teologie, meme en franſois, qu'on peut lire, & dont on peut entendre l'explication en un an. Il ne faudroit point d'autre etude pour le comun de ceux qui ne ſe deſtineront point a aprofondir toute leur vie les matieres teologiques. Or diminuër ainſi le nombre des Teologiens de profeſſion qui cauſent des diſputes & des diviſions parmi le peuple, augmenter ainſi le nombre des Ecleſiaſtiques bons citoyens, qui ne viſent qu'a faire obſerver la juſtice & pratiquer la bienfaiſance, au milieu de la tranquilité publique, n'eſt-ce pas marcher vers le but le plus parfait?

N'eſt-

N'eſt-ce pas ſuivre ce que nous dicte
la Raiſon eternelle & univerſelle? N'eſt-
ce pas rendre a *Dieu*, auteur de la
bonne Religion & de la bonne Politique, le culte le plus agreable que nous
puiſſions jamais rendre a l'Etre juſte
& bienfaiſant?

5. Tout ce que les Abez de qualité
aprenent de teologie en quatre ou cinq
ans, c'eſt a dire ce qu'ils aprenent des
opinions des Teologiens precedens &
peu raiſonables, ils l'oublient bientot
après, faute d'avoir ocaſion d'en faire
aucun uſage. Or paſſer ainſi quatre
ou cinq ans de leur plus grande etude,
a aprendre ce qu'ils doivent bientot
oublier, & ce qui n'eſt d'aucun uſage
pour le bonheur de la ſocieté, en comparaiſon de l'obſervation de la juſtice,
n'eſt-ce pas un abus dans nos etudes?
Et ne vaudroit-il pas mieux pour eux
& pour l'Etat, qu'ils euſſent des livres
& des profeſſeurs qui leur enſegnaſſent
la conoiſſance des principes des diferentes parties du bon gouvernement,
dont ils doivent parler tous les jours
avec tout le monde, & faire uſage
toute leur vie?

6. Ne

6. Ne vaut-il pas mieux que les Ecleziaftiques s'apliquant a chercher les moyens d'etre moderez dans leurs paffions, plus juftes, moins vicieux, plus bienfaifans, plus laborieux, plus patiens, plus obeïffans, plus foumis aux Superieurs ; que de les faire apliquer a une fience de mots inintelligibles, dans laquelle l'on fe pique de n'apuyer fon opinion d'aucun raifonement jufte, d'aucune demonftration parfaite ; mais uniquement de l'autorité des gens qui ne raifonent point, ou qui raifonent faux fur des principes, ou faux, ou incertains, ou equivoques, ou non entendus, ou mifterieux & incomprehenfibles, tels que nos Scolaftiques anciens & modernes ? Ne vaut-il pas mieux alors s'en tenir aux formules les plus anciencs, & ne point raifoner fur des matieres inintelligibles, & pleines de mifteres abfolument inconcevables ? Il ne peut jamais y avoir de raifonement qui vaille en parcilles matieres, & cependant la profeffion des Teologiens confifte a employer leurs raifonemens dans des matieres où le raifonement jufte ne peut etre d'aucun ufage.

G 5

Ainfi

Ainſi quand je prefere de beaucoup, pour l'utilité publique, la profeſſion de bon Politique a celle de bon Teologien ; c'eſt que le Teologien, le mauvais Raiſoneur ne ſert de rien, ni pour doner plus d'eſperance du paradis & de la vie hûreuſe future, ni pour augmenter le bonheur de la vie preſente ; au lieu que l'Ecleſiaſtique devenu ſavant dans la ſience des Mœurs & des Reglemens, peut venir plus ſeurement a bout, par des bons memoires politiques, de procurer des etabliſſemens propres a jetter du mepris ſur les vices, & a faire eſtimer & rechercher la juſtice & la bienfaiſance, pour faire eviter l'enfer, & pour faire plus ſeurement eſperer le paradis.

7. Il i a d'autres Siences utiles au bonheur de la ſocieté, mais non pas ſi utiles que la Politique. Or n'eſt-il pas juſte, n'eſt-il pas prudent de recompenſer par des benefices, & par des penſions ſur les benefices, ceux qui par de bons ouvrages porteront ces Siences vers une plus grande perfeſtion, ſurtout du coté de la pratique ? Et n'eſt-il pas a propos que la recompenſe de l'ouvrier ſoit toujours

pro-

proportionée a l'utilité de l'ouvrage?

8. Je conviens que les premiers
Memoires politiques que doneront ces
jeunes etudians, seront la plupart me-
diocrement bons, s'ils les donent avant
40 ans : mais il arrivera que tel auteur
dont le memoire aura eté jetté au re-
but, profitera des bonnes critiques,
& en fera un segond ou un troisieme,
trois ou quatre ans après , qui fera
excelent. Les auteurs qui font devenus,
en travaillant, excelens ecrivains, ont
commencé par faire des ouvrages très
mediocres : mais s'ils n'avoient point
commencé par faire ces premiers ouvrages mediocres, & s'ils s'etoient re-
butez des premiers mauvais succez,
ils ne feroient jamais arivez a rien faire
d'excelent.

9. Les Comissaires de l'academie
politique auront tous lû & aprouvé
l'ouvrage qui fera inprimé, & le Ra-
porteur du bureau de cete academie
aura foin d'en oter tout ce qui feroit
mauvais, & meme tout ce qui pourroit deplaire a quelques-uns. Ainsi il
n'i aura point a craindre, que l'on
inprime rien qui puisse causer aucun
pre-

prejudice a perſonne ; car meme le
conſeil d'oter la venalité des charges,
ſurtout de celles du Conſeil, ne peut
porter aucun prejudice a perſonne,
quand on ne donne ce conſeil qu'a condition de dedomajer avantajeuſement
ceux qui perdent a un etabliſſement ſi
avantajeux a la patrie.

10. On peut facilement diriger les
leſſons de Sorbonne & de Navarre
vers la morale pratique, vers la conoiſſance exacte de toutes les parties de
la juſtice & de la bienfaiſance cretienne ; but principal de la meilleure Religion, & du meilleur Gouvernement
politique.

11. Il ne faudra plus de theſes pour
le Doctorat, mais ſeulement un ſcrutin
entre trente etudians dans la meme
claſſe ; les trois quarts des voix pour
admettre, & qu'il faille ſeulement un
peu plus que les trois quarts pour faire
diferer l'admiſſion de ſix mois.

OBJECTION II.

A ſuivre ce projet, vous ne doneriez
les Abayes, les Prieurez, & les penſions
ſur les benefices , qu'a des Ecleſiaſtiques

ques diftinguez par leur merite. Et vous ne fongez pas que fur ce pied-la, les enfans, les parens, les amis des Miniftres & des autres perfones de confideration, lorsqu'ils ne font point diftinguez par des talens utiles a l'Eglife, lorsqu'ils ne s'apliquent pas a fervir l'Etat, lors qu'ils ne feront point elus au fcrutin pour leurs bones qualitez, ne pouroient jamais pretendre aux benefices.

R E P O N S E.

Il eft certain que cete metode operera bientot un grand changement, dans les ocupations des Eclefiaftiques qui pretendront aux benefices; & que ceux qui n'auront aucune aplication, ni aucuns talens pour fervir l'Etat par leurs talens diftinguez, ni l'Eglife par leurs bones mœurs, & par leur aplication a travailler pour le prochain, ne pafferont plus devant ceux qui aquierent tous les jours des talens utiles a l'augmentation du bonheur de la focieté, & devant ceux qui travaillent pour l'utilité des coleges, des feminaires, & des hopitaux.

Un

Un Roi qui voudroit etablir cete metode, seroit dans l'obligation de dedomager ses Miniſtres vivans par des penſions conſiderables pour eux & pour leurs enfans, s'il vouloit qu'ils lui aidaſſent a faire cet etabliſſement; parceque réélement ils y perdroient quelque peu de l'eſperance qu'ils ont de placer leurs enfans & leurs parens, qui ne ſont ſouvent que des ſujets mediocres dans les premieres places de l'Egliſe enſégnante. Mais il n'y a rien de dificile dans un pareil dedomagement paſſager, en comparaiſon de la grande utilité qu'il procurera pour toujours au Roi, & au Roïaume où il ſera etabli : & l'etabliſſement une fois fait, le Roi ne ſera plus obligé de dedomager les Miniſtres futurs, puis qu'ils prendront le miniſtere ſur le pied qu'ils le trouveront.

OBSERVATION XXII.

Pour faire un bon Dictionaire Topografique de la France.

Pour avoir une conoiſſance plus exacte de mon Peïs, j'ai ſouvent deſiré deux ouvrages. Le premier c'etoit
un

un denombrement des lieux habitez,
& du nombre des habitans divifez par
intendances, les intendances divifées
par elections ou equivalens, & les
elections divifées par villes, par bourgs,
par paroifles, & meme par villages,
lors que ces villages font employez
dans les rolés des fubfides, & taxez
feparément comme s'ils etoient de petites paroiffes. J'euffe eté bien aife
auffi, que fous chaque article on eut
mis les chofes particulieres & dignes
de curiofité de chaque lieu.

Le fegond ouvrage etoit un Catalo-
gue alfabetique ou un Dictionaire des
memes lieux, dans lequel on eut re-
peté a peu prez les memes faits avec
quelque diference : par exemple, il faut
dans le Dictionaire alfabetique le nom
& l'explication des rivieres, des mon-
tagnes, des foretz &c.

Il y a deux metodes de s'inftruire,
l'une par des principes generaux qui
demandent des metodes generales, qui
defcendent par degrez a des objets
moins generaux & plus particuliers ;
c'eft la metode du premier ouvrage :
l'autre en remontant des lieux particuliers aux divifions plus generales,

a mesure que l'on a besoin de la conoissance d'un lieu particulier, ce qui
ne se peut faire plus comodément que
par un Dictionaire ou Denombrement
alfabetique de tous ces lieux.

Le mot *lieu habité* est fort generi-
que, & comprend villes, bourgs, paroisses, villages &c. Ainsi j'apelerois
l'un Denombrement des lieux habitez,
& pour abreger je l'apelerois Denombrement *topografique* de France ; *topos*,
Greq, signifie lieu. Et pour l'autre
ouvrage, je l'apelerois *Dictionaire To-*
pografique de France. Or hûreusement
j'ai vû renaitre le Denombrement Topografique *in 4to* & j'ai meme contri-
bué a le perfectioner ; & je vois naitre
aujourdui avec plaisir le Dictionaire
Topografique, chez les memes libraires.

Les auteurs du Dictionaire Topografique savent que tous les ouvrages
humains, & surtout les Dictionaires,
peuvent se perfectioner, & se perfec-
tionent efectivement aux diferentes
éditions qui s'en font, soit par le
soin des premiers auteurs, soit par
les soins de ceux qui leur succedent
dans le meme travail. On voit,

dans

dans le programe de leur ouvrage pour la foufcription, qu'ils conoiffent cete verité, & qu'ils efperent le rendre meilleur a chaque edition.

Un Dictionaire Topografiqne ne contient que des faits, ainfi nous avons deux fortes de perfectionemens a efperer pour ce Dictionaire. Le premier, c'eft que les faits raportez foient vrais en gros, & vrais dans toutes leurs cir-conftances, ce qui eft très dificile, & meme fujet a diferentes variations; parceque le nombre des habitans aug-mente & diminuë &c. D'ailleurs l'au-teur qui fe trompe tantot fur le prin-cipal, tantot fur les circonftances, fe corrige lui meme, & fon fucceffeur le corigera. Cete efpece de perfectione-ment confifte dans les *corections* des erreurs, pour avancer d'edition en edi-tion vers l'exactitude.

La fegonde forte de perfectionement, c'eft l'augmentation des faits omis, foit par raport aux lieux omis, foit par raport a certaines circonftances principales d'un lieu qui n'eft pas omis.

Il y a deux manieres de donner a un Dictionaire, ces diferens degrez de

Tom. VII. H per-

perfection. La premiere se fait, en faveur de ceux qui ont acheté la premiere edition; & c'est par un suplément au tome separé, qui contient par ordre alfabetique les corections & les omissions.

La segonde maniere se fait par une segonde edition de tout l'ouvrage, en faveur de ceux qui ne pouvant plus trouver d'exemplaires de la premiere edition, en demandent une segonde. Et c'est dans cete segonde que l'on remet sous chaque article, dans l'ordre alfabetique, toutes les corections & toutes les omissions qui avoient eté mises dans le suplément avec des renvoys.

J'ai ouï dire que tel a eté le dessein dessein des auteurs du Dictionaire, & des libraires qui ont entrepris la grande depense de l'edition; & qu'ils ont obtenu durant l'impression de cet ouvrage, de diferentes persones distinguées, divers memoires dont ils n'ont pû faire usage dans l'impression d'une Tome de suplément, dont ils preparent une edition.

J'ai parcouru cet ouvrage, a l'ocasion des lieux dont j'ay une conoissance

ce affez exacte; afin de juger par cet échantillon fur les lieux que je conois, de l'exactitude des auteurs fur les lieux que je ne conois pas. J'y ai trouvé peu de fautes & peu confiderables, & j'ai compris qu'en faveur du grand nombre de veritez de fait très curieufes que j'y aprenois, je devois avoir beaucoup d'indulgence pour des erreurs qui étoient incomparablement moins nombreufes que les veritez, & beaucoup moins inportantes; furtout quand je fai qu'ils travaillent inceffament a diminuër ces erreurs, & a multiplier ces veritez.

Il m'eft tombé en meme tems entre les mains une critique de ce Dictionaire, faite par un auteur, qui quoiqu'il ait lui meme fouvent befoin d'indulgence, n'en a point du tout pour les autres: ainfi il s'en faut bien que cete critique me paroiffe digne de louanges.

Le conoiffeur qui eft jufte, bienfaifant, & bon citoyen, fait quelquefois des critiques; c'eft a dire, il porte fon jugement, & fait quelquefois des obfervations fur ce qu'il y a de bon & de mauvais dans les ouvrages des autres;

 mais

mais il se propose deux fins. La premiere *de louër sufisament & convenablement les auteurs, sur ce qu'ils ont aporté d'agrément ou d'utilité au lecteur ; de sorte qu'ils soient sufisament encouragez par ces louanges a continuër leurs travaux, pour l'augmentation du bien publiq.* Par cete conduite, il s'aquitera d'un coté de ce qu'il leur doit, ce qui est une action de reconoiflance & de juftice ; & de l'autre, il tache par ses louanges d'augmenter le bien publiq, ce qui est du devoir du bon citoyen, & une autre action de bienfaisance.

La segonde fin qu'il se propose, c'est de montrer aux auteurs les moyens de rendre dans une segonde edition, leur ouvrage plus agreable & plus utile au publiq, en leur fezant obferver, ou quelques fautes, ou quelques omiffions ; & cela meme est encore du devoir du bon citoyen, & une autre action de bienfaisance envers le publiq. Mais il i a une chofe inportante a obferver dans cet article : c'est que le critique doit mefurer tellement les expreffions de critiques, & les meler tellement avec des termes de louanges,

qu'elles

qu'elles ne bleſſent pas les auteurs ; & qu'a tout prendre, *il leur ſoit evident qu'ils choiſiroient plutot que cete critique parut en publiq, que de la laiſſer enſevelie dans l'oubly.*

Quiconque n'obſerve pas ſcrupuleuſement ces deux regles dans ſa critique, desoblige les auteurs qui ont tâché de lui plaire, & les decourage autant qu'il eſt en lui de travailler pour l'utilité publique. Ainſi il agit en homme injuſte, *il fait contre les autres ce qu'il ne voudroit pas qu'ils fiſſent contre lui en pareilles circonſtances.* De ſorte que s'il aquiert par ſa critique la reputation d'homme d'eſprit & de conoiſſeur, il ſe fait en meme tems contre ſes propres interets la reputation d'ingrat, d'injuſte, d'envieux, & par conſequent de mauvais citoyen.

Or ſi l'on compare la critique du Dictionaire dont il eſt queſtion avec ces regles ſi equitables, je doute que l'auteur lui meme juge qu'il a bien obſervé ces regles. Je doute que pour ſa reputation, il ait efectivement plus gagné que perdu a la rendre publique.

Ce n'eſt pas que les auteurs du Dictionaire Topografique ne doivent profiter

fiter de ce qu'il y a de bon dans cete
critique, s'ils ne l'ont pas deja fait,
avant que fa critique parut, par les
obfervations qu'ils ont reçeuës durant
l'edition; mais ils n'auront pas a les
remercier de fa bonne volonté a leur
egard.

On voit bien par un mot qui eft
echapé au critique, la raifon qui lui
a mis la plume a la main. C'eft le defir de venger fon ami, ou peutetre lui
meme, du chagrin que lui ont caufé
les auteurs *du Dictionaire Topografique.*
Il eft vrai que leur travail rend le fien
inutile. Il eft vrai que c'eft un mal-
heur pour lui, mais ce n'eft pas un
crime pour eux. Il eft jufte au contraire que ceux qui ont les premiers
commencé l'ouvrage, qui ont deja
amaffé une grande partie des materiaux
du Tome de fuplément, qui ont fait
de grandes depenfes & de grandes
avances, foient favorifez par le publiq,
& fortement encouragez a donner leur
fuplément, & a perfectioner tous les
jours un ouvrage comode, curieux,
& d'une fi grande etenduë.

C'eft meme pour contribuër en
quelque chofe a ce perfectionement,
que

que je ferai les obſervations ſuivantes, pour rendre la ſegonde edition de leur ouvrage plus utile & moins inparfaite. Ils adopteront de mes obſervations ce qu'ils jugeront a propos.

I.

Il ſeroit a ſouhaiter pour la curioſité du lecteur, que ſoit le Denombrement, ſoit le Dictionaire, marquaſſent la ſomme du ſubſide en livres tournois, que chaque lieu peye a l'Etat, ſoit en tailles, en capitation, en fourages, en utancilles &c. ſoit en droits d'entrées a la place de la taille, & cela pour telle anée; & de marquer 1. ſi c'eſt anée de guerre, ou anée de paix. 2. Combien le marq d'argent vaut de livres alors.

I I.

Il eſt bon d'obſerver de quelle Election & Generalité, de quelle Juſtice, de quel Parlement, & de quel Eveché eſt un lieu: mais ſi l'on vouloit encore i mettre toutes les autres ſubordinations, comme de quelle Lieutenance de Roy, de quel Gouvernement &c, ces aditions iroient trop loin, & cau-

 ſeferoient plus de depenfe & de longueur dans l'ouvrage, qu'ils n'aporteroient de plaifir ou d'utilité au comun des lecteurs; & ce feroit une nouvelle fource intariffable d'erreurs de fait. La curiofité raifonable a fes bornes.

III.

Il feroit a fouhaiter que dans le denombrement topografique, il y eut trente cartes pour les trente Intendances. On i auroit recours, pour voir les fituations & les diftances des lieux, les uns a l'egard des autres; non feulement en lifant le denombrement, mais encore après avoir confulté le Dictionaire.

IV.

Il faudroit obferver l'ordre alfabetique dans le denombrement du total de chaque Election, & ne plus divifer les elections en ferjanteries: divifion qui ne fert de rien, & qui ote au lecteur la comodité que procure l'ordre alfabetique pour le total de l'Election; & la carte de fon coté, feroit bientot conoitre le voifinage & l'eloignement des lieux.

V. Il

V.

Il y a une equivoque dans le denombrement sur le mot de *feu*, en certaines provinces qui sont en petit nombre. Il ne se prend point dans ces provinces pour une famille, pour un chef de famille, mais pour une certaine quantité de subside. Il vaut mieux retrancher tout a fait ce terme dans ces provinces, jusqu'a ce que les auteurs du denombrement aïent eté informez du nombre des familles, des paroisses de ces Intendances.

VI.

La suputation que j'ai observé la plus juste, pour savoir ce qu'un feu ou une famille contient de persones, soit males, soit femelles, soit enfans, soit domestiques ; c'est de prendre deux familles pour neuf persones, dans le total d'une Intendance. On peut se contenter de mettre cete remarque une fois dans l'avertissement, pour n'avoir plus a le repeter dans le cours de l'ouvrage.

H 5   VII.

VII.

Entre les curiofitez qui regardent certains lieux, il eft a propos de ne faire mention que des curiofitez publiques, c'eft a dire de celles qui intereffent le plus grand nombre des lecteurs; & d'eviter les curiofitez trez particulieres , c'eft a dire celles qui n'intereffent que certaines comunautez ou certaines familles particulieres. Et ce choix, ce difcernement pour ne mettre dans un ouvrage publiq que les chofes qui peuvent plaire au publiq, n'eft pas fi facile qu'on pourroit fe l'imaginer. Il faut que les auteurs les plus habiles confultent fouvent fur cela, le gout du comun des gens du monde qui aiment a lire.

Entre les gouts du publiq je trouve les etimologies des noms anciens, furtout de ceux qui font dans les auteurs anciens ; tels que font les *Commentaires de Cezar*, & plufieurs auteurs pofterieurs; le lieu de la naiffance des hommes illuftres; les fieges; les batailles. Enfin je demanderois tout ce qui tient a l'Hiftoire Anciene, foit a l'Hiftoire generale du Roiaume, foit a l'Histoire particuliere de la Province, & surtout a l'Histoire des Hommes Illustres. C'est qu'il est toujours de l'interet publiq, que la memoire des Hommes Illustres, & surtout des Grans Hommes, soit honorée.

REFLEXION.

Je suis de l'avis de ceux qui croient que ces sortes d'ouvrages passent les forces d'un seul homme, & que l'Etat en doit charger l'academie des bons ecrivains, qui chargera un ou plusieurs de ses membres d'y ajouter ou d'y retrancher pour l'edition suivante, en consultant le Bureau; pension pour le travail journalier, & recompense de gratification pour l'edition, afin de presser le travailleur de finir son ouvrage.

OBSERVATION XXIII.

Pour doner a l'Etat les moyens de multiplier & d'augmenter les Etablissemens pieux & salutaires.

1. Hopitaux.
2. Sœurs grises pour le soin des pauvres, & des malades du dehors des hopitaux.

3. Cole-

3. Coleges.
4. Petites Ecoles.
5. Seminaires.
6. Soin des Ouvrages publics, ponts, chauſſées, pavez, ports, canaux &c.

PREMIER MOYEN.

Entre les moïens pour i ſubvenir, il faudroit que l'Etat prit un dixieme dans le total des ſucceſſions collaterales, de valeur de vint mille onces d'argent & au deſſus ; & citer le nom des morts, dont il reviendroit le dixieme au profit du publiq, dans le Regitre des bienfaicteurs.

Ces ſix etabliſſemens feroient dans chaque intendance une bourſe comune, & les revenans - bons de ces ſucceſſions leur feroient diſtribuez ſelon leurs beſoins, ſur les avis des intendans. Car je ſupoſe dans chaque intendance un Conſeil pour regler ou pour doner ſon avis ſur ce qui n'eſt point reglé par la Cour.

Quand le nombre des pauvres aura diminué de moitié, & quand le bas-peuple ſera moins incomodé de la pauvreté par l'efet des etabliſſemens ſalu-

taires,

taires, tels que la Diète Europaine, qui nous garantira des guerres civiles & etrangeres; tels que la meilleure direction des coleges; tels que l'etabliſſement ſoit des profeſſeurs, ſoit des conférences, ſoit des academies politiques; tels que l'etabliſſement du ſcrutin perfectioné. Alors le dixieme des ſucceſſions collaterales poura etre reduit au vintieme, & meme un jour entierement ſuprimé.

SEGOND MOYEN.

Il faut honorer les bienfaicteurs publiqs. Il faut les citer dans les Regitres inprimez des bienfaits. Il faut que les hommes ſachent qu'ils ſeront recompenſez de leurs bienfaits par le Souverain Bienfaicteur dans la ſegonde vie, non ſeulement a proportion de la grandeur de ces bienfaits, mais encore a proportion de ce que ces bienfaits ſont grans par raport a la mediocrité de leur fortune.

Il eſt ſurtout a propos de bien etablir, & de bien perſuader les peuples, *de l'opinion que les peines des morts & leur durée ſont diminuées, a proportion que*

que les fondations epargnent de peines, ou procurent de grandes comoditez aux vivans, quand meme les vivans ne feroient point de prieres pour le soulagement de leurs bienfaicteurs : parceque la bonne fondation est une sorte de priere qui est perpetuelle, & beaucoup plus eficace que la priere des hommes.

TROISIEME MOYEN.

Il faut confier l'emploi du superflu du revenu des hopitaux & des coleges aux administrateurs seculiers ; mais doner la recete, le recouvrement, & l'augmentation du revenu, aux societez religieuses. C'est que les administrateurs seculiers ont comunément des vuës plus etenduës & plus justes pour l'augmentation du bien publiq, que ces bons Religieux ocupez du gouvernement du dedans de leur maison.

QUATRIEME MOYEN.

Il faut trois ou quatre especes de Religieux & de Religieuses d'habits diferens, blancs, noirs, &c. Ils auront pour but la meilleure administration des coleges, des seminaires, des hopi-

hopitaux, & des ouvrages & batimens publiqs. Il faut exciter l'emulation entre eux. Il faut qu'ils forment parmi eux des apoticaires chimiſtes, & des chirurgiens qui ſoient medecins, pour les pauvres du dehors. Il faut qu'ils forment parmi eux des architectes, des machiniſtes, & des geometres praticiens, pour conduire les ouvrages publiqs, ponts, pavez, ports, canaux, fontaines.

S'ils ſont apelez pour les riches, c'eſt a dire pour ceux qui ont vint marqs de revenu, que ce ſoit ſeulement par permiſſion du Magiſtrat de police, & en preſence des chirurgiens, apoticaires & medecins ſeculiers, auxquels le droit de viſite ſera peyé.

Il faut que les Generaux d'Ordre reſident dans la capitale du Roïaume.

Les bones euvres envers le publiq plaiſent plus a l'Etre bienfaiſant, & ſont plus eficaces pour diminuër les maux, pour augmenter le bien des Cretiens, que de longues prieres pour obtenir ces bones euvres & ces aumones: car il n'eſt pas a propos d'attendre de recevoir par miracle, ce que l'on peut obtenir en ſuivant les regles

de

de la Providence ordinaire, qui font
celles de la prudence.

Nos Peres ont fait des fondations,
pour ne faire que reciter des prieres.
C'eſt au Gouvernement ſage & cretien
a faire employer plus utilement ces
memes fondations en bones euvres
envers le prochain, qui feront beaucoup plus eficaces que ces prieres
pour diminuër les maux des cretiens, & pour augmenter leurs biens ;
ce qui eſt beaucoup plus dans l'ordre
de la Bonté & de la Providence Di-
vine.

Il faut que les Religieux inſtruiſent
le peuple de la diferente valeur des
bones euvres, & qu'ils lui perſuadent,
ce qui eſt trez vrai, que les bienfaits
envers les pauvres & envers les ignorans, efacent bien plus eficacement les
pechez, que les longues prieres n'efacent les injuſtices.

L'opinion du Purgatoire eſt trez
raiſonable, & trez propre pour porter
les hommes aux fondations les plus
utiles au bien publiq, & a procurer les
bones euvres du plus haut prix. C'eſt
a la bone Religion a bien diriger une
opinion ſi bienfaiſante, qui par interet

par-

particulier porte les hommes a procurer l'interèt general de la societé.

C'eſt a la bone Politique & au bon Gouvernement a ſoutenir la bone Religion, qui recomande aux hommes de vizer a reſſembler a Dieu le plus qu'ils peuvent, par la bienfaiſance envers les hommes, & par conſequent par la plus grande bienfaiſance envers le publiq le plus nombreux.

Il eſt donq a propos d'etablir l'opinion qui conſiſte a croire, que les ames du Purgatoire ſont beaucoup plus ſoulagées par les actions de bienfaiſance qui ſe pratiquent tous les jours dans les hopitaux, dans les coleges, dans les ecoles, dans les ſeminaires, tant par les fondations des bienfaicteurs, que par les ſoins & les peines de ceux qui gouvernent ces maiſons.

OBSERVATION XXIV.

Adition au Chapitre des Compagnies pourſuivantes, a la page 294 du Livre intitulé *Projet pour diminuër le nombre des procez.*

OBJECTION VIII.

Vous devriez autoriſer les compagnies pourſuivantes, a ſecourir les pau-

vres contre le credit des perfones puif
fantes & injuftes.

REPONSE.

Cela n'eft pas dificile. Il n'y aura
qu'a mettre dans l'Edit, un article a
peu prez femblable a celui-cy.

> Les compagnies pourfuivantes pour-
> ront pourfuivre le procez ou la
> caufe, tant en demandant qu'en
> defendant, du pauvre, de la veuve,
> & de l'orfelin, qui n'auront pas
> cinq onces d'argent de revenu,
> contre tout oficier de juftice,
> & contre toute perfone riche de
> trois cens onces d'argent de re-
> venu. Et lorfque la compagnie
> aura pris la pourfuite du procez,
> s'il intervient arret avec depens
> contre la partie perdante, elle fera
> en outre condanée a cent onces
> d'argent de domage & interet,
> au profit de la partie gagnante.

ECLAIRCISSEMENS.

1. Il eft jufte de doner aux pauvres,
aux veuves, & aux orfelins, une pro-
-tection

tection fufizante contre les riches injuftes ; & cete protection convient a
la compagnie deftinée a faire obferver
les loix. Mais il a falu definir &
borner le terme de pauvre, & celui
de riche; afin que la compagnie ne
puiffe fe meler que des afaires des vrais
pauvres, & feulement contre les veritables riches, ou gens de credit, qui
pourroient abufer de leur credit contre
les pauvres non protegez.

2. Il a falu intereffer fufizament la
compagnie, a prendre la protection de
la veuve pauvre contre le riche, dans
une caufe jufte. Or l'efperance des
depens contre le riche opreffeur, n'auroit pas eté un interet fufizant; mais
l'efperance de cent onces d'argent de
domages & interets, devient un interet fufifant pour faire agir cete compagnie ; & la crainte de cete compagnie empechera le riche d'oprimer
le pauvre, & de lui faire de mauvais
procez.

3. Il faut empecher que la compagnie ne prenne en main la protection du pauvre, lorsque fa caufe n'eft
pas evidement jufte, & pour cet efet
il a falu qu'elle craignit fufifament de

 s'ens'engager mal a propos dans une cauſe douteuſe ; & c'eſt pour cela que l'article porte, que ſi elle perd ſa cauſe, elle peyra cent onces d'argent au riche qui gagnera ſon procez contre elle.

OBSERVATION XXV.

Pour perfeƈtioner le Journal des Siences & des Arts.

Il me ſemble que juſqu'ici ceux qui gouvernent n'ont point aſſez compris, de quelle utilité pourroit etre a la ſocieté un journal des ouvrages des auteurs, c'eſt a dire de ceux qui ſurpaſſent le commun du monde en travail & en conoiſſances.

Si ces ſortes de journaux etoient toujours faits en Europe dans des vuës d'utilité & d'agrément, par des ſocietez immortelles, compoſées des plus ſages & des meilleurs ecrivains de chaque Etat, & en nombre ſufiſant ; ils ſeroient toujours trez curieux, & incomparablement plus utiles qu'ils ne ſont preſentement.

Il s'agit de faire conoitre au comun des leƈteurs curieux le progrez que fait l'eſprit, & ſurtout le bon eſprit,

en

en Europe ; & de faire faire ainſi aux lecteurs des progrez dans les arts, & dans les ſiences ; il s'agit d'apuyer davantage ſur les parties des arts & des ſiences les plus utiles a la ſocieté.

1. Il faut pour cet efet une compagnie immortelle, parceque c'eſt un ouvrage immortel.

2. Il faut que le nombre des ouvriers ſoit ſufiſant pour bien remplir tout l'ouvrage, par exemple, douze.

3. Il faut que les places ſe donent au ſcrutin.

4. Il faut que chaque membre du journal mette ſon nom a ſon ouvrage, pour ſe doner les uns aux autres plus d'emulation, a qui reüſſira le mieux ſelon le jugement des conoiſſeurs.

5. Il faut que la compagnie du journal ſoit un des bureaux de l'academie des bons ecrivains.

6. Il faut, pour exciter davantage l'emulation, que les penſions ſoient les unes ſimples, les autres doubles, & le reſte en jetons de preſence.

7. Que ce bureau ait par privilege le ſoin non ſeulement du journal, mais encore du mercure, & des almanaqs diferens ſoit de la ville, ſoit de la campagne.

8.

8. Que les Journalistes employent dans leur journal ce qu'il y a de bon dans les journaux etrangers avec quelques reflexions, afin que l'on puisse se passer des journaux etrangers.

9. Que les auteurs du journal de chaque nation donent des vuës aux bons auteurs, pour perfectioner leurs ouvrages a la segonde edition.

10. Qu'ils les louënt sufisament sur les endroits louables, pour leur doner courage de continuer leurs travaux.

11. Qu'ils marquent ce qu'il i a de nouveau plus utile dans l'ouvrage, ou a peu prez nouveau.

Il arivera insensiblement que les louanges distribuées par les journalistes avec justice, c'est a dire a proportion de l'utilité dont les ouvrages seront a la societé, & de l'utilité des decouvertes des auteurs, feront un si bon efet dans le publiq, que les ouvrages d'esprit se tourneront insensiblement beaucoup davantage vers la plus grande utilité publique. C'est dans cete vuë que j'ai fait un Memoire separé, pour estimer la valeur des livres, & c'est ce que j'ai apelé *Bibliometre*.

Chacun

Chacun des journaliftes doit avoir devant les yeux la maxime etablie dans ce Memoire, que la valeur d'un ouvrage doit s'eftimer a proportion qu'il eft utile au plus grand nombre de familles, c'eft a dire au publiq plus nombreux.

On peut ainfi perfectioner cete partie de notre police fur le progrez des fiences, des arts, & des belles lettres; en perfectionant le *Journal des Savans*, qui meriteroit que l'Etat y facrifiat dix ou douze mille ecus par an de penfions, fur des Benefices.

OBSERVATION XXVI.

Pour rendre l'Academie des Siences beaucoup plus utile.

Il me femble que les fiences fpeculatives ne font eftimables dans un Gouvernement, qu'a mefure qu'elles devienent utiles dans la pratique, pour augmenter le bonheur des citoyens.

De-là il fuit que plus ceux qui s'y apliquent, s'aprochent de la pratique des arts, plus ils s'aprochent du veritable but; & que plus leurs obfervations & leurs decouvertes s'eloignent

I 4 des

des arts, moins elles aprochent du plus
utile & du plus inportant.

Ce n'eſt pas que toutes les demonſtrations de pure ſpeculation doivent
etre regardées comme inutiles. Il y
en a quelquefois une de mille, dont on
peut faire uſage pour perfectioner un
art. Mais ce que je ſoutiens, c'eſt que
ſi quatre Fiziciens geometres mettoient
deux ans a perfectioner quelques arts,
comme la culture du blé, du lin, des
fruits, la teinture, les manufactures
de laines ou de ſoye, la geografie, la
navigation, la culture des vignes, ils
feroient faire a ces arts un beaucoup
plus grand progrez qu'ils n'ont fait
jusqu'ici ; parcequ'ils ne s'apliquent
qu'a des ſpeculations, dont les arts
n'ont tiré presqu'aucun avantage conſiderable depuis dix ans.

Je ſai bien que l'eſprit faux cherche
quelquefois le rare & le dificile, comme ſi c'etoit veritablement le plus precieux : & c'eſt ainſi que certains ſavans
ſe plaiſent a s'egarer dans la conoiſſance des decouvertes dificiles, quoique
inutiles a l'augmentation du bonheur
de la ſocieté, au lieu de choiſir leur
dificile entre les decouvertes les plus
utiles.   Ils

Ils font aſſez inprudens , & aſſez mauvais citoyens, pour preferer dans leurs recherches le plus dificile pour eux au plus utile pour la nation, lors que ce plus utile eſt en meme tems très dificile a trouver, & très utile au publiq. Car parmi les decouvertes utiles a faire, il y en a ſouvent qui, par raport aux diferentes combinaiſons auxquelles il faut avoir egard, ſe trouveroient beaucoup plus dificiles, qu'aucune des inutiles qu'ils cherchent avec tant d'empreſſement.

Que je demande, par exemple, a un de ces grans calculateurs algebriſtes, de combien l'impot que tire le Roi en augmentant le prix de la monoye d'un tiers , eſt plus ou moins onereux au peuple, que s'il peyoit le deux centieme denier de ſon bien durant dix ans ; il ſentira d'abord que la reſolution de ce probleme eſt plus dificile, & incomparablement plus utile qu'aucun des problemes propoſez parmi eux depuis dix ans. La finance & les autres parties de la Politique ſont plénes de pareils problemes, trois fois plus dificiles, & vint fois, cent fois plus utiles que les problemes ordinaires d'algebre.

I 5

Mais

Mais quand des decouvertes très utiles a la patrie ne feroient pas très dificiles à bien demontrer, ne feroient-elles pas pour cela beaucoup plus precieufes & plus dignes de louanges, que des decouvertes très dificiles, mais la moitié moins utiles a la focieté?

Tel eft d'ordinaire le penchant des favans de profeffion. Ils cherchent a fe mefurer avec leurs pareils, & a les furmonter par des eforts d'efprit fur des decouvertes dificiles, fans fe foucier fi leurs recherches font veritablement auffi utiles au publiq qu'elles pouroient l'ètre.

Or c'eft au confeil du Prince a trouver les moyens de fauver les efprits, qui ont plus de force que les autres, d'un pareil egarement. C'eft au Gouvernement a diriger leurs meditations vers des decouvertes qui foient trez utiles pour l'augmentation de la felicité du peuple; foit qu'elles foient faciles, ou trez dificiles a trouver & a demontrer.

Mais cela ne fe peut faire qu'en donant trois gratifications ou medailles d'or de diferente valeur, au jugement par fcrutin des academiciens, a ceux
qui

qui auront travaillé avec plus de fuccez durant l'anée au perfectionement des arts, & furtout des arts les plus inportans au bonheur de la focieté, & qui auront fait les decouvertes les plus utiles. C'eft un moyen fûr pour eloigner les academiciens du fimple curieux & du fimple dificile, pour les apliquer uniquement au plus utile qui eft toujours le plus eftimable.

Faire en moins de tems le meme ouvrage, ou le faire meilleur a moindres frais, voila ordinairement le principal but que fe doivent propofer ceux qui font deftinez a prefider aux arts.

Il eft certain qu'un homme avec le fecours d'un art, fait dix fois, vint fois plus d'ouvrage, & meilleur, qu'il ne feroit fans le fecours de l'art; tel eft, par exemple, l'art de l'inprimerie. Cela fait que le publiq peut avoir un bon ouvrage a dix fois, vint fois meilleur marché.

Les inventions, les decouvertes font d'une très grande utilité pour le publiq, & furtout pour les Etats où elles naiffent.

Ceux qui gouvernent avec plus de fageffe, tachent par diferentes recompenfes

penses d'exciter les esprits ingenieux
a s'apliquer, chacun de leur coté, a y
faire quelques decouvertes utiles : &
comme il faut & du tems & de la depense pour les essais, je voi que dans
notre Roïaume on n'a pas assez de soin
de les encourager, par l'esperance des
recompenses proportionées a l'utilité
de leurs inventions.

Le seul moyen de multiplier beaucoup plus les inventeurs, & de les faire
beaucoup plus travailler pour l'utilité
du publiq, c'est d'avoir soin de leurs
interets particuliers. Ils en ont deux,
l'augmentation de leur reputation, &
l'augmentation de leur revenu. Voilà
les deux ressorts generaux que ceux
qui gouvernent doivent sans cesse employer, pour mettre les esprits en
mouvement vers la plus grande utilité
publique. Et c'est aussi sur ces deux
sortes de recompenses, que je vais pro-
poser quelques reflexions.

Il faut des recompenses honorables.
Mais comme les inventeurs se disputent souvent entre eux l'honeur d'une
invention, il a eté deja sagement reglé
que celui qui se feroit le premier en-
registrer sur le regitre de l'academie
des

des fiences, pafferoit pour l'inventeur, ou du moins pour le premier inventeur. Car il eft très poffible que deux hommes qui ont le meme objet, inventent à peu prez en meme tems la meme chofe, fans fe piller l'un l'autre.

L'academie des fiences inprime tous les ans les noms de ceux qui ont aporté des inventions qui ont eté jugées nouvelles & utiles, ce temoignage eft fort honorable pour eux. Mais 1. il eft a propos d'augmenter cet honeur, en fezant inprimer cete lifte dans les livres periodiques, comme mercures & journaux.

2. Il n'eft pas a propos de borner cet honeur aux feuls machiniftes ; il eft a propos de l'etendre a toutes les fortes d'inventions qui font du reffort de cete academie, pour les chofes qui font utiles a la focieté dans la pratique ou dans les arts ; a la diference de celles qui ne font que curieufes, & qui ne regardent que la fpeculation. Ainfi les inventions qui aportent du fecours aux yeux, aux oreilles &c. qui peuvent perfectioner les operations de chirurgie, la pratique de la medecine ; les experiences nouvelles qui peuvent

fervir

fervir aux teinturiers, aux laboureurs, aux vignerons &c. doivent etre mifes dans ces liftes : afin que d'un coté le publiq puiffe en profiter , & que de l'autre les inventeurs en recoivent le plus d'honenr qu'ils meritent, & que tous foient encore plus excitez aux travaux utiles.

3. Pour donner plus d'envie aux academiciens de tourner leurs etudes vers les chofes d'ufage, & utiles aux hommes dans la pratique, il feroit très a propos que le fecretaire fit inprimer feparément *in* 12. tout ce qu'il i a d'ufage & de pratique repandu dans les journaux precedens , & cela par matieres, & qu'il feparat ainfi l'utile du fimple curieux. Ces recueils *in* 12. qui contiendroient quatre ou cinq anées, feroient très utiles au publiq & au libraire , très agreables aux inventeurs, & très capables de les encourager a faire mieux , & d'encourajer encore beaucoup de favans a tourner leurs etudes pour perfectioner les arts.

4. Comunément les favans font mauvais eftimateurs de ce qui eft plus ou moins utile au publiq. Ainfi il faudroit dans cete compagnie, parmi les
hono-

honoraires, des politiques conoiſſeurs
ſur les arts & ſur les ſiences, pour eſtimer la veritable valeur des decouvertes, & comparer avec juſteſſe la diferente utilité des diferentes inventions.

5. Il faudroit que les motifs des
eſtimateurs dans chaque jugement,
fuſſent ecrits & ramaſſez tous les ans,
ou tous les deux ans, en un volume ;
afin que leurs ſucceſſeurs pûſſent profiter de leurs lumieres, & meme perfectioner les jugemens de leurs predeceſſeurs, pour faire leurs eſtimations
plus juſtes, & ſur des principes plus
exacts, que leurs predeceſſeurs.

6. Les academiciens devroient etre
encore plus nombreux, pour etre par-
tagez, & pour preſider a tous les arts
& metiers.

La culture des bleds, de la vigne,
la culture du lin ou du chanvre, ſeroit
pour trois penſionaires de diferentes
penſions.

La navigation, la guerre, pour trois
autres.

Ce qui regarde les manufactures
pour les vetemens, tiſſerans, teinturiers, tricoteurs, chapeliers, cordoniers,
auroient trois autres academiciens.

7. Tout ce qui regarde la santé, nourriture & remedes, bouchers, boulangers, meuniers, droguistes, seroit du reſſort & de la direction de trois autres penſionaires.

8. Augmenter de moitié la moitié des penſions, afin d'augmenter l'emulation entre les penſionaires.

OBSERVATION XXVII.

Il eſt de l'interet de l'Etat de rendre la Langue plus facile a ecrire & a prononcer.

Nous tenons des Romains & des Gots l'art d'ecrire nos idées, nos ſentimens, nos raiſonemens, & nos loix. Mais comme leurs alfabets etoient très inparfaits, ils n'etoient pas ſufiſans pour exprimer, par des caracteres ſimples & non equivoques, tous nos ſons & toutes nos articulations.

Ils n'avoient que cinq figures ſimples, pour exprimer cinq ſons ſimples, a, e, i, o, u: & cependant il i a dix autres ſons ſimples a exprimer, e, è, o-u, e-u, a-n, è-n, i-n, o-n, u-n, e-un.

Ils n'avoient point de ſigne pour marquer quand une voyele etoit longue: cepen-

cependant dans pluſieurs mots, il n'y a que la longueur de diference, come dans pate ou *pate*. Il eſt vrai que quelques-uns ajoutoient une ſ a *pate*, & ecrivoient paſte pour marquer la longueur de la voyele *a* : mais c'etoit une marque très equivoque, puisque cete marque ſ ne ſignifioit point la longueur de la voyele *a* dans les mots *paſtille*, *paſteur*, il eut mieux valu mettre un petit trait ſous la lettre *a̱*, comme j'ai propoſé.

Ils metoient ſouvent une letre dans l'ecriture, qui ne ſe prononçoit point, comme dans *eſcriture*, pour marquer l'etimologie du mot ; & cependant ils n'avoient point inventé de marque pour avertir quand cete letre ne ſe prononçoit point, ce qui ſe peut faire par un petit trait ſur la lettre ſ̄.

Il i a pluſieurs articulations ſimples, ou pluſieurs conſones articulées, pour lesquelles ils n'avoient point inventé de figure ſimple de conſone ecrite ; l'articulation de ces mots, par exemple *c-ha*, *c-hien* ; l'articulation ſimple de la derniere ſillabe du mot *mouillé*, que l'on peut exprimer par la figure *G-l* compoſée de la letre *g* liée avec la letre *l* ; l'articulation simple de la derniere sillabe des mots françois *dig-ne sig-ne* ; l'articulation simple du gozier, que l'on articule dans les mots espagnols *Xerez, Aranjuez Muguer.*

Mais outre tous ces defauts, notre prononciation change en deux ou trois siecles dans une infinité de mots, que ceux qui vivent prononcent très diferemment de ceux qui ont vecû il y a deux cens ans. Comme cete prononciation change par degrez, nous continuons cependant la meme Ortografe, quoique la prononciation soit changée. Cete negligence a, depuis deux ou trois cens ans, si fort gaté notre maniere d'ecrire, que sans le secours de la tradition & de la coutume, nous ne lirions pas nous-memes notre ecriture presente.

De tous ces defauts il suit, qu'un art si precieux va tous les jours par necessité en se corompant, & que notre Langue devient tous les jours plus dificile à lire & à ecrire à nos enfans, & aux etrangers qui ne sont point aidez de notre tradition ; & notre Langue devient ainsi tous les jours plus dificile, & par consequent moins propre

pre a devenir la Langue comune de l'Europe.

CONCLUSION.

De la il fuit que le Gouvernement doit donner au magiftrat de police, & a cinq ou fix academiciens, autorité fufifante fur les inprimeurs, pour diminuer peu a peu tous les jours la coruption de l'ortografe prefente, & pour nous garantir de la coruption future. *C'eft ce que j'ai expliqué dans un Livre fait exprez.*

OBSERVATION XXVIII.

Adition au projet du Scrutin perfeƈtioné.

OBJECTION XXVIII.

L'elifant, pour ne point fe faire de tort par fa voix, ne la donera pas aux trois qu'il juge avoir le plus grand merite national de fa compagnie. Il nommera les trois qu'il croira avoir le moins de ce merite, & qu'il jugera ne pouvoir etre elus.

 RE-

REPONSE.

1. Cet elifant, en metant fon nom au bas du fcrutin, craindra que les comiffaires ne voient fa mauvaife maneuvre contre l'intention de la loi, une des plus inportantes de l'Etat; il craindra qu'ils ne montrent fon fcrutin au Roi. Or cete crainte le retiendra.

2. On peut ftatuer par le reglement que l'elifant qui auroit nommé trois fujets qui n'auroient eu que fa voix, fera exclus pour trois ans ou pour toujours de voix active & paffive, par les comiffaires. Or la crainte de tomber dans le cas, poura le faire marcher droit vers le plus grand merite national.

3. La crainte qu'il auroit que les autres elifans ne concouruffent avec lui fans le vouloir, & ne nommaffent comme lui les trois moins meritans, & ne rendiffent ainfi par leur grand nombre leur nomination victorieufe, & par confequent inutile pour lui & nuifible pour l'Etat; le conduiront plutot a donner fa voix aux trois plus meritans, qu'aux trois moins meritans.

4.

4. Quand parmi les trente il y auroit trois ou quatre elifans injuftes, jaloux, mauvais citoyens, qui ne voudroient pas aler droit a la juftice & au bien de l'Etat ; il fufit que les 26 ou 27 autres marchent droit vers leur devoir, pour doner conoiffance, par leur fcrutin, des trois qu'ils jugeront avoir la fuperiorité de merite national ; & cela fufira au Roi, pour etre feûr de fon choix.

5. A mefure que les elifans, bons citoyens, reconoitront de mauvaifes maneuvres dans leurs confreres, ils en avertiront volontiers les comiffaires ; afin que, dans le bureau du fcrutin, on cherche les meilleurs moïens d'empecher ces crimes par des punitions exemplaires. Car ce bureau fera etabli, pour empecher perpetuelement les eforts de l'interet particulier, de prevaloir dans la metode du fcrutin contre l'interet publiq.

OBSERVATION XXIX.

L'elifant choifira toujours les trois plus vieux de fa compagnie, afin d'avoir lui meme plutot part a l'election,

& c'est ainſi que la plupart des Cardinaux pretendans au pontificat ſe gouvernent.

REPONSE.

1. Cete objection ne peut pas regarder les claſſes inferieures, où tous les membres ſont jeunes. Elle ne peut gueres regarder que la derniere claſſe, c'eſt a dire la ſuperieure a toutes les autres. Ainſi la metode du ſcrutin ſeroit toujours bonne pour toutes les claſſes inferieures, ſoit dans la milice, ſoit dans les autres profeſſions.

2. Supoſons que dans la claſſe des Lieutenans-Generaux il s'agiſſe de choiſir un d'entre eux pour etre Marechal de France, & que l'on choiſiſſe les trois plus vieux, il eſt certain qu'ils auront tous paſſé par le ſcrutin dans les quatre ou cinq claſſes inferieures. Ainſi s'ils ne ſont pas les trois plus meritans, ils ſeront toujours gens de merite. Ainſi l'inconvenient ne ſera pas ſi grand, que s'il n'y avoit point eu de ſcrutin dans les autres claſſes inferieures.

3. Le Roi pourra choifir pour en
etre mieux fervi, celui des trois qui
fera le moins vieux, & qui aura la
meilleure fanté. Alors l'elifant aura
perdu fa voix, au lieu qu'en la donant
au plus meritant, il y auroit gagné
de fe procurer un avantage, en procu-
rant un avantage a l'Etat dont il fait
partie.

4. La plupart des elifans n'auront
pas l'idée de choifir les plus vieux.
Donq les trois ou quatre elifans des
plus vieux perdroient inutilement leurs
voix, & cet inconvenient par confequent devient a rien.

5. Cet inconvenient de choifir les
plus vieux, eft dans l'ancien fifteme
du non-fcrutin, comme dans le nouveau du fcrutin. Car dans l'ancien,
le plus vieux de chaque claffe, quoique fans merite, peut avoir eté preferé a fes pareils, par la faveur d'un
favori, dans toutes fes claffes : au lieu
que dans le nouveau, il ne fauroit ètre
fans merite, & fans merite diftingué ;
puisqu'il a eté choifi dans fes diverfes
claffes par fes pareils, comme fuperieur
en merite national.

OBJECTION XXX.

Dans les academies, par exemple dans l'academie des fiences ou l'on fe fert du fcrutin, il y a des cabales au dedans & au dehors, qui font que fouvent le moins meritant eft preferé au plus meritant.

REPONSE.

1. Il eft vrai que c'eft une efpece de fcrutin, mais il ne fe fait pas entre les academiciens d'une clafle inferieure, pour monter a une clafle fuperieure. Ainfi il arive que les elifans ne conoiffent point affez tous ceux qui fe prefentent pour etre elûs, parcequ'ils n'ont point vecu & conferé avec eux tous, & qu'ils ne conoiffent pas mieux les autres pretendans, & qu'ainfi ils ne font pas en etat de bien comparer les degrez de leurs diferens talens & de leurs diferentes qualitez.

2. Il n'i a point a ces academies de comiflaires qui foient en droit d'interroger les elifans, pour favoir s'ils n'ont nulle conoiffance qu'on ait fait aucune folicitation en faveur de quelqu'un.

qu'un. Il n'y en a point qui foient en autorité d'exclure celui pour qui on aura folicité. Ainfi il n'eft pas etonant, que les elections s'y faffent encore par cabale.

OBJECTION XXXI.

Des trente pareils qui vont au fcrutin, le plus grand nombre eft des mediocres, & de ceux qui craignent qu'on ne faffe injuftice a leur anciene-té. Or ceux-la ne voudront pas faire contre les plus anciens, ce qu'ils ne voudroient pas que l'on fit contre eux-memes, s'ils etoient les plus anciens. Ainfi le fcrutin ne fe tournera point uniquement vers la fuperiorité de me-rite national, comme vous le penfez, mais presque toujours vers la fuperio-rité d'ancieneté.

REPONSE.

Le plus grand nombre eft certaine-ment des mediocres, & qui ne font diftinguez, ni par la fuperiotité de leurs conoiffances & de leurs talens, ni par la fuperiorité de leur activité & de leur conftance dans l'aplication a leur

K 5   metier,

metier; en un mot, dans la superiorité du merite national. Mais prenez
bien garde a une chose, c'est que la
plupart d'entre eux en se comparant a
leurs pareils, croyent avoir avec la
superiorité d'ancieneté la superiorité
de merite national sur leurs cadets, &
meme sur la plupart de leurs anciens.

Ils sont assez bons estimateurs du
merite national des autres, mais très
injustes estimateurs de leur propre merite national, comparé a celui des autres. C'est l'efet naturel de l'amour
propre. Nous sentons beaucoup plus
nos bones qualitez que les autres ne
les sentent, & nous ne sentons presque
point nos defauts, & jamais au point
que les autres les sentent.

De la il suit que celui qui pouroit
craindre qu'on n'eut pas assez d'egard
a son ancieneté, ne craint pas qu'on
lui fasse l'injustice de lui preferer son
cadet ; parcequ'il croit qu'outre la superiorité d'ancieneté, il a encore la
superiorité de merite national.

De la il suit que le plus grand nombre des trente, imagine qu'il y a a
gagner pour lui ; que pour distinguer
la superiorité de merite national, le
Roi

Roi ne s'en raporte pas a la feule ancienceté, qui eft une marque fautive; mais a l'eftimation des pareils qui fe conoiffent, & qui fe comparent les uns aux autres depuis plufieurs anées.

De la il fuit que la prediction de l'objectant, que le grand nombre des eftimateurs fe tournera toujours vers les plus anciens, eft une prediction très mal fondée. Il n'y a tout au plus que les trois plus anciens qui puiffent penfer ainfi. Encore fondent-ils leur droit fur leur fuperiorité, ou réelle ou imaginaire, de leur merite national.

OBSERVATION XXIX.

Pour perfectioner le Recueil
des Ordonances.

Les ancienes Ordonances font très-utiles aux compilateurs d'Hiftoires Generales. Elles font de meme très-utiles aux ecrivains, qui veulent doner au publiq des faits curieux & furprenans de l'Antiquité. Enfin elles font neceffaires aux Filofofes politiques, qui cherchent a faire remarquer, de fiecle en fiecle, les diferens degrez d'accroiffement de la raifon humaine.

Nous

Nous pouvons regarder ceux qui fervoient a compofer les ordonances de nos anciens Rois, comme des hommes qui etoient pour ainfi dire a la tete de la raifon françoife de ce tems-la. Et en voïant les articles de leurs loix, nous voïons les derniers eforts de leur raifon, & de leur intelligence.

Les anciens Francs, ces anciens Barbares conquerans des Gaules fous Clovis, n'eurent pas affez d'efprit pour enter leurs conoiffances & leurs loix, fur les conoiffances & les loix des anciens Romains, maitres des Gaules. Il faloit pour un pareil entetement une forte de proportion, d'un coté entre les efprits & les conoiffances des Francs; & de l'autre, entre l'efprit & les conoiffances des Romains. Or nos Francs etoient trop groffiers & trop ignorans, pour pouvoir fe rendre propres les Conoiffances Romaines, quoique deja fort afoiblies par la diftance de la capitale de l'Empire, & furtout par le voifinage des autres peuples barbares qui avoient demembré l'Empire Romain.

Dans les reflexions des Filofofes politiques fur le progrez de la raifon

en France, les lecteurs satisferoient
d'un coté leur curiosité, & de l'autre
ils en tireroient une grande utilité.
Ce seroit de diminuer & d'afoiblir en
nous un prejugé, qui empeche souvent les esprits du comun d'aplaudir,
& d'aprouver les decouvertes utiles de
leurs contemporains ; obstacle perpetuel au progrez de la raison.

REFLEXION TRE͂S INPORTANTE.

1. Les petits esprits, d'un coté si
nombreux, & de l'autre si envieux de
la reputation des autres, disent. *Nos
peres qui vivoient il i a cinq cens ans,
il i a mille ans, il i a deux mille ans,
en savoient plus que nous. Or ils ne
pensoient pas comme celui-ci, qui nous
aporte une nouveauté. Donq il faut la
rejeter, comme nuisible.*
Voici le principal fondement de ce
prejugé ridicule en faveur des Anciens.
Nous remarquons ordinairement dans
les compagnies, par exemple dans nos
parlemens, que nos conseillers de soixante ans sont plus habiles en afaires
que nos conseillers de vint cinq. Notre
remarque est vraie, & fondée en raison.

Mais

Mais ſi nous voulons conclure de là
que ces conſeillers de vint cinq ans,
a eſprit naturel egal, a aplication egale, ne feront pas plus eclairez dans
trente cinq ans que ces conſeillers de
ſoixante le ſont aujourdui, nous nous
tromperions très lourdement. C'eſt que
le conſeiller de vint cinq ans, a eſprit
egal, a travail egal, a ſanté egale,
ajoutera a ſes propres lumieres toutes
les lumieres du conſeiller de ſoixante
ans, & des autres vieux conſeillers
avec lesquels il vivra, & conferera
pluſieurs anées; & il aura encore par
deſſus les lumieres qu'il aquicrera lui
meme avec le ſecours de ſes jeunes camarades durant trente cinq ans de comerce & de conference, c'eſt a dire
vint ou trente ans après la mort des
conſeillers qui ont preſentement ſoixante ans.

Je conviens que parmi les contemporains, la prudence conſeillera toujours de preferer les opinions des plus
vieux aux opinions des plus jeunes.
Mais par la meme raiſon, comme une
nation va neceſſairement en croiſſant
en age & en lumieres, il eſt naturel
que la nation d'aujourdui, qui eſt plus
vieille

vieille de neuf cens ans que la nation du tems de Charle-Magne, ſoit auſſi beaucoup plus eclairée que n'etoit alors cete nation, mais revenons a nos ordonances.

Nous ne ſaurions avoir de monumens plus exacts du progrez de la raiſon en France, que ces ordonances; & de la il ſuit qu'il ſeroit a ſouhaiter que les editeurs rendiſſent la lecture & l'intelligence de ces illuſtres monumens la plus facile qu'il eſt poſſible, & par conſequent qu'ils nous donaſſent toutes les ordonances de nos Rois de la premiere & de la ſegonde race en françois avec des notes. Elles ont eté inprimées en latin, à l'imprimerie royale en 1677.

2. Il faudroit le latin a coté, afin que le lecteur pût y avoir recours. Sans cela le recueil des ordonances, tel que l'a commencé feu M. de Lauriere avec ſuccez, ne ſera jamais un ouvrage complet. On peut dire meme que ce qu'il i a de plus ancien, eſt preciſément ce qu'il i a de plus curieux, de plus propre a nous rendre le progrez de la raiſon françoiſe très ſenſible. Car l'evidence de ce progrez

nous

nous aidera a fortir du grand refpect, qui eft fouvent un grand obftacle au progrez de la raifon.

3. De la il fuit que ceux qui feront deftinez par l'Etat a faire ces recueils, tel qu'eft prefentement M. Secouffe, homme très habile en ces matieres, devroient nous traduire en françois, non feulement les ordonances latines que M. de Lauriere a fait inprimer; mais encore celles qui font en vieux françois, qui ne s'entend plus, ou presque plus, par le comun des lecteurs. Et il i a en France un grand nombre de lecteurs qui feront un jour inportans, qui n'entendent pas facilement le latin, furtout le latin des ordonances ancienes, faute d'etre affez inftruits de la matiere de ces loix. Et parmi les lecteurs plus inftruits, il i en a beaucoup qui entendroient bien plus facilement les memes ordonances, fi elles etoient en françois.

Nous ne fomes plus dans le grand ufage du latin, & tant mieux. Cela prouve le progrez de l'efprit en France. Nous commanfons a trouver mieux notre compte dans les ouvrages françois, que dans les ouvrages latins:

Il

Il nous faut le double d'atention pour comprendre en latin, ce que nous comprendrions très facilement fi nous le lifions en françois. Or n'eft-il pas du devoir des editeurs peyez par l'Etat, de tacher de faire plaifir au plus grand nombre de ceux qui aiment a lire & a s'inftruire, & meme pour avoir un plus grand nombre de lecteurs? Mais n'eft-il pas a propos de faciliter, autant qu'il eft poffible, la lecture & l'intelligence de leurs ouvrages?

On pouroit faire inprimer ces traductions dans les tomes qui fuivront les deux de M. de Lauriere, avec des renvois a la page des premiers tomes où l'on trouve le latin.

4. A l'egard des ordonances depuis environ deux cens ans, dont plufieurs font encore en vigueur, il eft a propos de joindre a ces traductions, des notes qui avertiffent des articles qui s'obfervent, & de ceux qui ne s'obfervent plus; & c'eft ce qu'il i aura de plus utile dans ce recueil, pour les François d'aujourdui. Mais ce qui eft utile pour nous, ne deviendra aparemment qu'un monument curieux pour

ceux qui nous fuccederont dans quatre
ou cinq cens ans. Car l'utile pour les
vivans devient peu a peu fimplement
curieux pour leur pofterité eloignée,
parceque le meilleur nouveau fait
abandonner le moins bon ancien.

Cete efpece de note fera très utile,
jufqu'a ce que quelqu'un de nos bons
Rois, avec le fecours d'un excelent
chef de la juftice, & d'un bureau per-
manent formé exprez, nous donne,
a l'imitation de Juftinien, une com-
pilation generale de toutes nos loix.

C'eft pour obtenir un bienfait fi
precieux du Roi regnant, que j'ai fait
un ouvrage exprez fous le titre de
*Projet pour diminuer les fources des pro-
cez*; & que M. le Chancelier, qui avoit
la même vuë, a formé un commencement de Bureau, qui nous a donné
un effai de fon travail, dans l'ordonance fur les donations.

5. Comme l'edition de toutes les
ordonances de nos Rois eft un ouvrage
trop grand pour un feul homme, le
Gouvernement devroit former pour
cela une compagnie de favans fous la
direction de M. le Chancelier, qui leur
diftribueroit l'ouvrage, & qui decide-
roit

roit les dificultez a un Bureau, dans lequel on lui rendroit compte tous les mois du progrez de l'ouvrage.

6. Vint ans après l'ouvrage fini, le publiq aura befoin d'une nouvelle edition, dans laquelle on aura foin d'ajouter les nouveaux edits qui auront paru depuis. Ainfi il femble que ce Bureau fubalterne de ceux qui auront ordre de recueillir les ordonances, doit ètre perpetuel, & fubordoné au Bureau legislatif. Et afin que l'ouvrage foit fait avec plus de diligence, il feroit a fouhaiter que l'editeur & fes affociez, outre leurs penfions, euffent une gratification pour chaque volume a chaque edition, afin que leur interet particulier les portat a preffer l'ouvrage publiq.

Il eft meme raifonable que ceux qui feront chargez de cet ouvrage, aient place dans l'academie des monumens antiques ; afin d'avoir d'un coté plus comodément plufieurs eclairciffemens a leurs doutes, & plufieurs bonnes critiques propres a perfectioner leurs ouvrages : & ce feroit dans cette compagnie, où l'on choifiroit les affociez du bureau, par la voye ordinaire du fcrutin.

OBSERVATION XXX.

Sur les Ventes publiques des Efets immo-
biliaires faites par Decret de Juftice.

Nos loix fur cete matiere font encore fort inparfaites, tant par raport
a l'interet du debiteur & de fes enfans,
qu'a l'egard de l'interet meme des creanciers.

Souvent le debiteur pouroit fauver
le tiers de fes biens, & contenter fes
creanciers; fouvent tous les creanciers
pouroient etre peyez, quoiqu'il arive
que le tiers, & quelquefois la moitié
de ces creanciers, perdent leurs crean-
ces, & cela par l'inperfection de nos
loix fur cete matiere.

La loi doit avoir pour but, de doner
a tous les aquereurs le moien d'affurer
leurs aquifitions. Elle doit avoir pour
but, d'aider le debiteur a peyer fes
creanciers, & d'empecher que les frais
neceffaires pour la vente par decret de
juftice, ne foient pas ruineux pour les
derniers creanciers.

Il y a deux moiens pour parvenir a ce but. Le premier, c'eſt de doner aux loix faites ſur ce ſujet tout l'eclairciſſement dont elles ont beſoin ; & par conſequent, il faut expliquer leur but & leurs motifs, pour ſupléer, autant qu'il eſt poſſible, a la deciſion des cas qu'elles n'ont pas encore clairement decidé.

Le ſegond moien c'eſt d'indiquer les articles qui nous manquent dans nos reglemens, tant ſur les hipoteques, que ſur les decrets des immeubles, pour decider divers cas qui ne ſont point encore decidez, ni aſſez clairement, ni d'une maniere qui ſoit aſſez autentique, pour avoir force de loy, & pour remedier a divers frais de procedures qui ruinent & les debiteurs & leurs derniers creanciers, mais qui enrichiſſent les oficiers de juſtice qui font faire ces procedures.

1. Je demanderois donq un diſcours general ſur l'utilité de l'Edit des greffes des hipoteques de 1673, où il faudroit montrer en detail les grans avantages qui en reviendroient au publiq.

2. Une ample expoſition de tous les articles de cet Edit, avec les raiſons

ou

ou motifs sous chacun des articles, où il marqueroit ceux qu'il seroit a propos d'i ajouter, & ceux qu'il seroit a propos d'en retrancher.

3. Il faudroit un projet de reglement general pour les saisies & ventes des immeubles par decret, avec les motifs sous chaque article.

4. Un cahier d'objections & de reponses, afin de ne laisser rien a eclaircir.

5. Le projet de l'etablissement des greffes des hipoteques, qui ne pût sous le regne precedent prendre racine en France, a passé la mer, & a pris racine dans plusieurs des Comtez d'Angleterre, & entre autres dans le Comté de Midlesex.

6. Les loix sont les ouvrages les plus precieux de la raison humaine, qui a toujours pour but la plus grande augmentation du bonheur de la societé. Mais comme la raison se perfectione, & augmente tous les jours en lumieres & en conoissances, soit par les nouvelles experiences, soit par les nouvelles reflexions, il est absolument necessaire de perfectioner nos loix, a mesure que notre raison se perfectionne. Or

Or le meilleur moyen de les perfectioner davantage, en moins de tems
& avec plus de feureté, c'eſt d'en ex-
poſer aux Parlemens les projets munis
des demonſtrations des motifs. Car
quand il s'agit de propoſer des aditions
ou des corections aux loix, il faut des
demonſtrations veritables, & des re-
ponſes ſolides aux objections.

7. J'aprouve fort l'avis du celebre
avocat Fourcroi, qui ne vouloit point
d'exceptions dans la loi des greffes des
hipoteques. Il eſt facile d'en fournir
de bones raiſons, & de lever les pre-
tendus obſtacles.

8. Le plus dificile feroit de faire en
forte que les droits de controlle &
d'infinuation, fuſſent peyez a ces greffes. Car il faut viſer a faire peyer les
droits du Roi, c'eſt a dire le ſubſide
neceſſaire pour operer la conſervation
& la plus grande proſperité de l'Etat,
& meme a en faciliter la perception.
Mais il faut ſurtout tacher de rendre
les contracts de conſtitution, & les actes
de proprieté, plus feurs, plus ſolides,
& d'un comerce plus aiſé.

9. Il y a trois inconveniens qui font
un grand tort aux derniers creanciers
L 4

des

des terres faifies en decret, qui les empechent d'etre peyez, & qui par confequent font un grand tort au debiteur faifi; le premier, c'eft que jufqu'a prefent on n'a pas la permiffion de divifer & morfeler les grandes terres. Le fegond, c'eft qu'il eft etabli que l'ajudicataire doit peyer le prix en argent comptant, dans les tems memes qu'il eft très dificile d'en trouver. Le troifieme, c'eft que les decrets durent trop lontems, les terres deperiffent trop, & les fraix augmentent trop.

10. On peut remedier au premier inconvenient, en donant *la liberté au faifi, & a tout creancier, de requerir du juge que les biens faifis feroient encheris par morceaux, par metairies, par fermes, excepté certaines chofes indivifibles.*

11. On peut remedier au fegond inconvenient, par un Edit qui doneroit *la liberté d'encherir, a charge de conftituer le prix en rente, en donnant caution.*

Il eft plus dificile de remedier au troifieme, mais il n'eft pas impoffible. *Il faudroit par exemple* 1. *que par la loi le faififfant fut privé de vacations.*

Se-

Segondement *qu'il fut permis aux derniers creanciers de créer un sindic entre eux, qui seroit en droit de demander a etre preferé au saisissant a la poursuite du decret, pour le finir plus promtement.*

En troisieme lieu *que toutes les poursuites jusqu'a l'ajudication finale inclusivement, se feroient nonobstant l'apel meme du saisi.*

La raison c'est que le saisi a interet de peyer promtement tous ses creanciers, & d'avoir le reste de son bien libre.

En quatrieme lieu, le saisi auroit la liberté de reclamer dans l'anée les biens ajugez, en donant caution sufisante.

En cinquieme lieu, l'etablissement des greffes des hipoteques pourroit dispenser des criées & publications ; parceque tous les oposans & creanciers seroient avertis, a leur domicile, du jour & du lieu de l'ajudication, pour y faire trouver sufisament d'encherisseurs.

En sixieme lieu, il seroit a propos que les conditions pour chaque ajudicataire fussent inprimées, c'est a dire le denombrement de la chose a ajuger, avec le denombrement des charges &

L 5

ser-

servitudes foncieres, & des autres conditions, & qu'il n'y eut a remplir que la rente rachetable peyable aux creanciers.

En Provence il y a un ftatut par lequel le creancier de dix mille francs fur une terre de cent mille livres, fe fait ajuger, a l'eftimation des experts, pour dix mille livres de terres, & il doit s'en contenter. On peut examiner les avantages & les inconveniens de ce ftatut, tant par raport au creancier, que par raport au debiteur : mais il faudroit pour cela confulter la loi entiere, & le commentaire.

OBSERVATION XXXI.

Sur les Nouvelles.

Le bon Souverain, pour imiter l'Etre bienfaifant, tend a rendre fes fujets tous les jours plus hûreux, non feulement en diminuant leurs maux, mais encore en multipliant leurs plaifirs innocens.

Entre ces plaifirs la curiofité a les fiens, & chacun a fes diferens degrez de curiofité pour diferentes chofes. Nous aprenons avec plaifir les evenemens

mens nouveaux dans les afaires publiques, & c'eft pour cela que fous Louïs XIII. Renaudot imagina prudemment, & obtint habilement le privilege de la Gazette, pour les nouvelles des cours de l'Europe; & de Vizé fous Louïs XIV. obtint le privilege du Mercure pour les nouvelles moins inportantes de Paris & des Provinces. Mais a dire le vrai, le Gouvernement n'a pas fongé jusqu'ici a perfectioner ces deux etabliffemens, & a les rendre plus agreables & plus utiles au publiq.

1. Il feroit a fouhaiter que ces deux etabliffemens ne fiffent qu'une feule compagnie immortelle, pour garder toujours, comme par tradition, les bonnes maximes; pour recevoir toujours les divers perfectionemens, qu'aportent les experiences de diverfes generations; pour former & conferver des correfpondans pour les diferentes nouvelles du Parlement, du Confeil, du Commis du bureau de la guerre, de la marine, des dons & bienfaits des evenemens, des provinces, des peys etrangers: de cete forte, l'ouvrage ne feroit jamais interrompu, & iroit toujours en fe perfectionant.

2. Que le Roi outre les revenus du privilege, donnat une somme pour les pensions des Nouvelistes. Il en donne, & avec raison, aux Comediens.

3. Que les Ecrivains tendissent toujours selon les occasions, tantot a louer avec justice la prudence, la justice & la bienfaisance des persones vertueuses ; mais qu'ils ne blamassent jamais, sinon en raportant simplement les actions blamables, & les evenemens malheureux.

4. Cete compagnie doneroit de tems en tems une histoire, en forme de journal, des principaux evenemens arivez en trois ou quatre ans. L'historien auroit eu le loisir de s'assurer de la verité des faits, & pourroit plus facilement y semer des reflexions, pour rendre les hommes plus prudens & plus vertueux ; & ces Journaux deviendroient avec le tems, des monumens originaux très precieux.

Nous verrions avec plaisir de pareils journaux des Afaires d'Europe ecrites toutes de suite, & dont la memoire nous seroit deja presque echapée.

Je sai bien qu'il est dificile de parler des fautes des vivans, avec verité &

fans

fans leur deplaire; mais ne peut-on pas louer ce qui eft louable, fans ofenfer perfone? Et ne fufit-il pas de raporter fimplement des faits, fans blamer ce qui eft blamable, pour n'ofenfer perfonne? Enfin pourquoi ne pas effeyer de compiler les Gazettes, & d'en eviter le principal defaut, qui eft de cacher les caufes & les fuites des evenemens?

OBSERVATION XXXII.

Proportioner le revenu des Curez au nombre des Habitans.

Il eft de la bonne Police Eclefiaftique de donner plus de revenus aux Curez & aux Vicaires qui ont plus de paroiffiens a inftruire & a foulager, & moins de revenu aux Curez qui ont moins de paroiffiens. C'eft qu'il eft jufte que les grandes Paroiffes aient les meilleurs ouvriers, & pour avoir a choifir entre les meilleurs, il eft a propos que la recompenfe foit plus grande & plus defirée. Je fai bien que la recompenfe temporelle n'eft pas un motif pour le Curé, qui veut fincerement aquerir le Paradis. Mais tous les

Curez

Curez ne font pas des faints, dans tous
les ages. Et puis il eft de l'utilité publique, que le Curé faint ait beaucoup
a diftribuer aux pauvres.

La chofe pourroit s'executer facilement, en chargeant telle Cure trop
riche & de peu d'habitans, de peyer
par an telle penfion a telle autre Cure;
& afin de caufer moins de murmure,
declarer que ce reglement ne regarde
point les Curez vivans, mais les Curez
futurs.

Il feroit de meme utile de réunir les
petites Paroiffes voifines de la campagne en une, a peu prez dans une
demi lieuë quarrée de 25 au degré; &
vifer a faire les Paroiffes au moins de
cent familles, ou de quatre ou cinq
cens habitans.

Il y auroit plus de refpect dans l'E-
glife, plus d'emulation entre les Pretres a qui feroit le plus utile, plus de
comerce entre les Habitans; & par confequent plus de politeffe, plus de difci-
pline, plus de mœurs, moins d'erreurs,
moins d'ignorance, moins de fuperfti-
tion, & plus de Religion raifonable.

Il i a de meme dans les grandes villes des Paroiffes qui ont trop d'habitans,

tans, par raport a l'Eglife & au Clergé :
une Paroiffe de dix mille habitans, ou
de deux mille familles, eft fufifament
grande. Il faudroit par exemple dans
le faubourg St. Germain a Paris dix
ou douze Paroiffes. Il faudroit dans
un bourg de mille habitans un maitre
& une maitreffe d'ecole, & deux fœurs
grifes pour les malades, a la nomination & aux gages du Curé ou du Decimateur. Ces inftructions & ces fou-
lagemens font partie des devoirs d'un
bon Curé.

L'inftruction des articles du Sim-
bole neceffaires pour le falut, eft bien
facile. L'inftruction fur les diverfes
fortes d'injuftices de chaque condition
qui meritent l'Enfer, & fur les diverfes efpeces de bienfaifance qui nous
affurent le Paradis, eft plus dificile.

Il faut que tous les Curez puiffent
avoir des livres, & des inftructions de
leurs Eveques; & fur cela il feroit a
fouhaiter que dans toutes les affemblées du Clergé, ou du moins tous les
dix ans, les inftructions dominicales
& curiales fuffent perfectionées.

Nos Curez & nos Predicateurs s'e-
garent fouvent du principal but, qui
eft

eſt l'obſervation de la juſtice, de peur de
deplaire a l'Etre ſouverainement juſte,
& d'etre puni en Enfer; & la pratique de la bienfaiſance, pour plaire a
l'Etre ſouverainement bienfaiſant, &
pour en obtenir les delices du Paradis.

Il eſt ridicule de pretendre que les
inſtruŏtions propres pour les perſones
agées, ſoient propres pour les enfans
& pour les jeunes gens. Voila pourquoi je voudrois que les Egliſes fuſſent
partagées en diverſes ſales ou chapelles,
qui ouvriroient dans l'Egliſe.

Je crois a propos de rendre les Curez
amovibles, & reduits a la moitié de
la penſion du revenu; mais ſeulement
lorsque dans ſa claſſe des trente Curez,
il y aura les trois quarts des voix a
l'expulſion, par le miniſtere de l'Eveque, ou de ſon Oficial, qui aura pre-
ſidé au ſcrutin de la depoſition.

OBSERVATION XXXIII.

Sur les Evechez.

La France a environ cent vint trois
Evechez, ou Archevechez. Chaque
Province Ecleſiaſtique devroit avoir
environ trente Evechez, compris l'Ar-
che-

cheveché, pour aprocher du nombre de trente. Ainfi il n'y auroit que quatre Archevechez, & quatre Provinces Eclefiaftiques en France.

Quand l'Archeveque mourra, les trente Eveques reftans nommeront trois d'entre eux par fcrutin, dont le Roi choifira un pour Archeveque.

Il feroit bon de rendre, par le brevet, les Evechez amovibles & vacans au bout de dix ans, & que le brevet de nomination du Roi portat pour l'efpace de dix ans, fauf a être continué. L'Eveque reformé auroit moitié du revenu, & feroit, pour ainfi dire, a la demi peye. Les Eveques feditieux ne feroient plus a craindre, & pouroient ètre dépozez par leurs pairs aux trois quarts des voix, & envoyez en exil par le Roi.

Un Eveque auroit au moins trois mille onces d'argent fin de revenu, il y en auroit de plus forts, & l'Archeveque le double du plus fort. Chaque once d'argent vaut prefentement le poids de cent livres de bon froment, il i auroit parmi les Eveques une place de vice-prefident, & cela afin de doner

toujours de l'efperance, & de l'emulation pour le travail.

Il y auroit dans la capitale deux
compagnies de trente Epifcopizans,
choifis eux memes parmi les quatre
compagnies d'Abez. Ces deux compagnies tour a tour choifiroient trois
d'entre eux, dont le Roi nomeroit un

Il faut du revenu aux Curez & aux
Eveques vertueux, mais il n'en faut
pas trop. Les vertueux en ont moins
befoin, & il ne faut que des hommes
vertueux pour Eveques. Le furplus
doit etre employé a multiplier les
ecoles, a rendre les coleges meilleurs
qu'ils ne font, & a foulajer les hopitaux.

J'ai montré ailleurs que c'eft une
grande faute en Politique, d'interdire
le mariage aux Curez & aux Eveques.

La nomination de chaque Eveché
trop riche peut retenir des penfions
perpetueles, dans le brevet pour des
Evechez pauvres. On n'ote rien a
l'Eveque, au Curé qui eft a nommer,
quand on delegue partie des revenus
de fa Cure ou de fon Eveché. Ainfi
a la longue un grand Roïaume peut
s'aranger

s'aranger en deux ou trois regnes, beaucoup mieux qu'il n'eſt : & le Gouvernement Eclefiaſtique peut ſe perfeƈtioner beaucoup en peu de tems pour le bien publiq, ſans faire murmurer perſonne.

Je ne parle pas de ce qui ſeroit meilleur a pratiquer preſentement, mais il eſt toujours utile a ceux qui doivent un jour gouverner, de conoitre ce qu'il y a de plus avantajeux pour la ſocieté cretienne; afin que ſelon les ocaſions ils puiſſent y viſer de regne en regne, & reduire un jour en pratique une idée de perfeƈtion, qui quant a preſent pourroit bien ètre abſolument inpraticable.

OBSERVATION XXXIV.

Pour perfeƈtioner le Plan du Clergé, ſur la repartition des Inpoſitions Eclefiaſtiques en 1730.

Il eſt certain que pour procurer une repartition proportionée entre Dioceſe & Dioceze, entre Benefice & Benefice, il n'y a point de voie plus ſeure, plus promte, & moins couteuſe, que la loy qui oblige chaque Beneficier a

M 2

doner

doner la declaration du revenu & des charges de son benefice, & a la doner vraie; c'est a dire a ne rien omettre des baux, & a n'estimer ni trop peu les revenus non afermez, & les charges soit fixes, soit casuelles.

Pour perfectioner cete loi, il est a propos que *la seule crainte* d'etre poursuivi & puni, soit sufisante pour obliger ceux qui ont fait de fausses declarations & de fausses estimations, a coriger dans six mois les articles faux.

Or s'ils aprenoient qu'il y a dans le Dioceze une compagnie de procureurs & d'huissiers chargez de les poursuivre, & que cete compagnie sera d'autant plus interessée a ces poursuites, que toutes les condanations seront a leur seul profit; il est seur que la crainte qu'ils auroient de cete compagnie, seroit seule sufisante pour les determiner tous a rendre leurs declarations entieres, & leurs estimations veritables.

Je supose donq que par un nouvel arret du Conseil, il soit ou ordoné, ou promis d'etablir dans chaque dioceze une compagnie poursuivante, & que les beneficiers injustes & faux de-

cla-

clarans, s'ils ne corigent leurs declarations dans fix mois, feront condanez au quadruple de ce qu'ils fraudent par an, & a une amende de quatre cens livres, le tout au profit de la compagnie pourfuivante ; bien entendu qu'en cas que cete compagnie acufe mal a propos un beneficier de fauffe declaration, ou de fauffe eftimation, elle fera condanée a pareille punition envers l'inocent accufé.

Mais il feroit a propos que cete compagnie ne put pourfuivre un beneficier, qu'après en avoir receu la permiffion de la chambre eclefiaftique, fur une requete que la chambre eclefiaftique pouroit comuniquer a l'accufé, pour l'amener a la juftice par la voye de la reprefentation & de la douceur, avant que de l'expofer a la voye de la rigueur.

Cet emploi de pourfuivant de la juftice, qui dans le fond feroit très utile a la Republique Eclefiaftique, & qui par confequent feroit digne de louange, s'il etoit exercé fans aucun interet que celui de faire rendre juftice aux vrais declarans vexez par les faux declarans, ne fera plus qu'un emploi

lucra-

lucratif ordinaire quand il ſera exercé, comme tous les autres, dans la vuë de faire ſubſiſter ſa famille aux depens des beneficiers injuſtes. Voila pourquoi je demande des pourſuivans laborieux, & inſtruits dans les procedures juridiques.

Deux procureurs reſidans a la ville de l'Eveché & deux huiſſiers, ſuſiſent. Je demande des huiſſiers qui ſont deja tout acoutumez a voiager dans les paroiſſes du dioceze, & qui peuvent, plus facilement & a moindres frais, faire les informations neceſſaires.

On demanderoit en vain que l'Eveque, ou les Conſeillers de la chambre ecleſiaſtique, ſe chargeaſſent d'une pareille pourſuite ; cela ne leur ſieroit pas, & aucun ne voudroit s'en charger ; mais ce qui ſied mal a certaines profeſſions, ne meſſied pas aux autres.

Nous devons aux compagnies d'archers la ſeureté que nous avons contre les voleurs de jour & de nuit. Les Ecleſiaſtiques juſtes & vrais declarans, devront aux compagnies pourſuivantes de procureurs & d'huiſſiers la ſeureté de n'etre plus volez par leurs pareils injuſtes & faux declarans. Il n'y aura

aura pas eu dans un dioceze deux punitions de beneficiers faux declarans,
qu'une terreur falutaire empechera
tous les autres d'etre injuftes, aucun
n'ofera plus tenter de faire porter une
partie de fon fardeau a fes pareils.

De la il fuit que tant que cete compagnie pourfuivante ne fera point etablie, l'affemblée du clergé aura beaucoup moins de feureté de faire les re-
partitions juftes entre dioceze & dioceze, & que les chambres eclefiaftiques feront au contraire dans la necef-
fité de faire plufieurs injuftices entre
benefice & benefice, faifant la repartition fur chaque benefice au marq la
livre fur les declarations des beneficiers.

Si dans deux ou trois ans cet etabliffement ne fe trouvoit pas fufifant
pour operer la feureté des declarations
veritables & entieres, on pouroit ftatuer que les diocefes feroient divifez
par cantons de 50 ou 60 paroiffes, &
qu'après que la chambre eclefiaftique auroit reparti fur chaque Canton
la portion que ce Canton doit porter
des decimes du dioceze, trois principaux curez nommez par la chambre

 fe-

feroient la repartition de cete portion sur chaque beneficier du Canton, suivant sa declaration ; & qu'ils auroient chacun cinquante livres de diminution sur leur taxe, laquelle diminution de cent cinquante livres seroit repartie sur le total.

Alors les trois curez repartiteurs verroient bientot quelles declarations sont fausses, & en avertiroient la compagnie poursuivante, qui pour son interet particulier feroit aussi tot rendre justice aux beneficiers justes & vrai declarans. Mais je croi que la seule terreur de cete compagnie sufira, pour detourner les injustes de comettre des injustices, & pour determiner les faux declarans a reparer celles qu'ils ont faites. *Et c'est le but que je m'etois proposé.*

OBJECTION I.

J'ai apris qu'un des Bureaux de l'assemblée du clergé aloit travailler a l'examen des Pouilliez des diocezes, qui ont eté faits sur les declarations des beneficiers. J'ai oui dire de plus que quelques uns des Eveques doutoient, si l'on devoit se servir de ces

Pouil-

Pouillez, pour faire la repartition entre dioceze & dioceze ; parce que l'on
ne fauroit douter que plus de la moitié
de ces declarations & eftimations ne
foient fauffes , les unes de plus de
moitié, les autres d'un tiers, les autres
d'un quart, d'un cinquieme, ou autre
partie : & dans cete fupofition, ils dou-
tent qu'il foit a propos de prendre ces
declarations pour fondement de la repartition entre dioceze & dioceze.

REPONSE.

Mais j'ai a leur reprefenter qu'il eft
bien vrai que ces faux declarans feront
tort aux vrai declarans, dans la repartition entre benefice & benefice dans
la chambre diocezaine ; mais que la
fauffeté de ces declarations ne fera
point de tort a aucun dioceze, dans la
repartition generale entre dioceze &
dioceze dans l'affemblée du clergé.
Parceque l'on doit fupofer pareille fauf-
feté entre le total des declarans d'un
dioceze, & le total des declarans d'un
autre dioceze. Or alors le refultat de
toutes les declarations de deux diocefes fe trouvera toujours neceffairement

proportioné , parceque les faussetez des deux diocefes fe trouveront egales, ou a peu prez egales entre elles, elles ne cauferont aucune difproportion confiderable entre dioceze & dioceze. Mais a dire la verité, il vaut mieux atendre l'ctabliffement de la compagnie pourfuivante.

OBJECTION II.

Il eft vrai que fi dans la terreur qu'infpireroit la compagnie pourfuivante que vous propofez, le clergé ne pouvoit pas efperer que les declarations feront vraies a peu de chofe prez, il pouroit aprouver cete metode : mais tant qu'il poura efperer de la verité & de l'exactitude dans les declarations, il ne lui conviendroit pas de fe fervir d'une metode qui paroitroit odieufe aux beneficiers.

REPONSE.

1. Cete compagnie pourfuivante ne peut jamais paroitre odieufe qu'aux beneficiers injuftes, elle feroit au contraire très dezirable & très dezirée par les Beneficiers juftes.

2.

2. Cete compagnie ne pourſuivroit perſone injuſtement, puisque ce ne ſeroit que ſur la permiſſion de la Chambre Ecleſiaſtique, lorsque par la voye de la douceur elle n'auroit pas pû engager le beneficier opiniatre & injuſte a entrer en acomodement avec la compagnie.

3. Les compagnies d'archers font-elles odieuſes pour d'autres, que pour les injuſtes & pour les mechans?

4. La punition du double de la taxe eſt une punition trop forte, elle eſt exceſſive. Or on n'execute point les punitions exceſſives. La menace d'une pareille punition n'inſpire donq point de terreur, il ſufit que la punition ſoit du quadruple de la fraude.

5. Cependant ſans menace de punition, & ſans terreur de la compagnie pourſuivante, il arivera que le beneficier injuſte ſera recompenſé de ſon injuſtice & de ſa fauſſe declaration, qu'il en ſera d'autant plus recompenſé qu'il ſera plus injuſte; & que le beneficier juſte au contraire ſera puni d'avoir pratiqué la juſtice envers les injuſtes, puisqu'il ſera acablé d'une partie du fardeau qu'ils devroient porter.

6.

6. Efperer de tous les beneficiers des declarations vraies, lorsque la fauf-feté fera cachée, inpunie, & recom-penfée ; n'eft-ce pas efperer, fans au-cun fondement, que tous les hommes feront toujours tous egalement juftes ?

7. Cete compagnie feroit fi redou-tée des beneficiers injuftes, qu'ils ne cometroient plus d'injuftices. Ainfi elle leur feroit peur a la verité, mais elle ne leur feroit point de mal tant qu'ils declareroient la verité, & pro-cureroit un grand bien aux juftes.

8. Je fai bien que les Eclefiaftiques font plus eloignez que d'autres de co-mettre des injuftices. Mais quand il s'agit de fubfide, la plupart ne croient pas que ce foit une injuftice de cacher une partie de fon revenu, & cela faute de voir que s'ils ne peyent pas tout ce qu'ils doivent par la loi, il faut que cete partie dont ils s'exemtent par une declaration frauduleufe, foit peyée par leurs voifins. Or ne trouveroient-ils pas fort injufte, que leurs voifins leur fiffent peyer plus qu'ils ne doivent ?

OB-

OBSERVATION XXXV.

Sur les Libelles Satiriques.

Il eſt de la bone police d'empecher que les citoyens ne ſoient point bleſſez par des Satires inprimées, ſoit qu'elles ſoient acres & ſerieuſes, ſoit qu'elles ſoient ironiques, ſoit en proſe, ſoit en vers, ſoit qu'elles n'aient aucun fondement réel.

Il eſt du bon gouvernement de faire obſerver la juſtice entre les citoyens. Or la premiere regle de la juſtice, la premiere loi de la ſocieté, n'eſt-ce pas ? *Ne faites point contre un autre ce que vous ne voudriez pas qu'il fit contre vous, ſupoſé qu'il fut a votre place & que vous fuſſiez a la ſienne: Abſtine à malo.*

Or qui eſt le ſatirique, qui eſt l'ironiſte qui fut bien aiſe qu'on lui reprochat publiquement ſes defauts dans des livres inprimez ? ſoit par une ſatyre acre & vehemente, ſoit par une ironie delicatement tournée. Qu'on nous le montre.

Les injures dites dans la colere & ſans reflexion ſe pardonent, & ſont

dignes

dignes de pardon ; mais des libelles faits avec reflexion, meritent une reparation proportionée au tort qu'ils font, & au deplaisir qu'ils causent : & ils causent d'autant plus de deplaisir a la persone ofensée, qu'ils causent de plaisir aux lecteurs & aux auditeurs.

Ainsi la satyre est d'autant plus mechante, plus ofensante, & par consequent plus punissable, qu'elle est faite avec plus d'art & avec plus d'esprit : & telle doit etre la punition du mauvais usage de l'esprit, qui est employé non pour faire du bien aux autres, mais pour leur nuire, & pour leur faire des blessures souvent profondes & dificiles a guerir.

Nos loix soit pour punir, soit pour decouvrir les auteurs des satires, ne sont pas encore sufisantes.

Le satirique lui meme, lorsqu'il est bien tourné en ridicule, & lorsque la satire faite contre lui est aplaudie de tout le monde, ou lorsqu'on emploie l'ironie contre ses mœurs, contre sa naissance, contre ses ecrits, ne trouveroit-il pas cete ironie d'autant plus ofensante, qu'elle plairoit davantage aux lecteurs ?

Il n'en eſt pas ainſi des auteurs morts,
ou des autres perſones mortes depuis
lontems. Encore faut-il ſupoſer qu'il
n'y ait point de vivans qui prenent un
interet vif, ou a ces auteurs, ou a leurs
ouvrages. Car alors il ne faut nommer, ni les ouvrages, ni les auteurs.
Il ne faut point nommer Calvin chez
les Calviniſtes, Luter chez les Lute-
riens, ni en moquerie, ni en ſatire.
Car ce ſont deux ſortes d'inſultes que
l'on feroit aux vivans , & la juſtice
nous defend d'inſulter perſonne, comme nous ne voudrions pas etre inſultez.

Quand on pouroit inpunément inſulter ces vivans, cete inſulte n'en ſeroit pas moins une inſulte & une injuſtice contre la premiere regle de la
bone Police , qui eſt *de ne point per-
mettre d'inprimer ce qui va directement
contre les bones mœurs,* c'eſt a dire *contre l'equité naturelle.*

Les ironiſtes, les ſatiriques eux memes ne perdent rien a l'obſervation
de cète regle; puisqu'avec les armes
de l'ironie & de la ſatire publique, on
pouroit peutètre leur cauſer plus de
mal, qu'ils ne peuvent en cauſer a leurs
enemis.

J'a.

J'aprouve donq fort fur cete matiere la grande rigidité des cenfeurs de
Livres, & des punitions rigoureufes
qui font exercées contre les inprimeurs
& contre les copiftes de Libelles vifi-
blement ironiques & fatiriques.

Les ironies font aplaudies du lecteur.
Mais qu'on lui demande s'il voudroit
que l'on fe moquat ainfi de lui publiquement, & que les autres lecteurs
s'en rejouiffent, il fentira bientot l'injuftice de celui qui le fait rire aux depens d'autrui.

Mais il i a des moqueurs & des iro-
niftes, qui non contens d'infulter publiquement par l'inpreffion les perfones vivantes, font encore porter leurs
moqueries contre des compagnies,
contre des ouvrages, contre des projets, contre des etabliffemens très utiles au publiq. Or en cela ils font non
feulement injuftes, mais ils font encore mauvais citoyens.

C'eft qu'il n'eft pas d'un bon citoyen de decrediter les focietez, les
ouvrages, les projets, les etabliffemens
qui font très avantageux a la focieté.
Les cenfeurs de livres ont grande raifon
de ne pas aprouver de pareilles moqueries.

Il me paroit que comme le fatirique peut facilement s'empecher de compofer & de faire imprimer une fatire, l'inprimeur de l'inprimer, & le libraire de la vendre ; on peut etablir contre eux fix mois de prifon a la maifon de coreĉtion pour la premiere fois, & les galeres pour la fegonde.

Ce qui montre le haut degré de corruption de nos mœurs, ou plutot de l'enfance de notre vertu, c'eft a dire combien nous fommes encore eloignés de la pratique journaliere & conftante de l'equité naturelle, c'eft la joie avec laquelle on reçoit dans les compagnies ordinaires du monde les dizeurs de bons mots contre le Prochain, les porteurs de chanfons & d'epigrames contre les Miniftres, contre les Grands, & contre les meilleurs Auteurs. On trouve des auditeurs equitables qui fe dizent ; *ferois-je bien aize qu'on alat par le monde en dire autant de moi ou des miens ?* Cete reflexion qui paroit d'abord etre fous la main de tout le monde, & des plus ftupides, ne fe trouve encore réellement fous la main de perfone. Et nos Devotes elles memes rient fous cape, & ne fe trouvent point blefíées

de l'injuſtice ni du chanteur, ni du
chanſonier.

OBSERVATION XXXVI.

Eſt-il plus utile pour les lecteurs inportans
que l'Ecrivain ecrive ſur les parties de
la ſience du Gouvernement d'un ſtile
oratoire & agreable, que d'un ſtile de
demonſtration clair & concluant ?

Eclaircissement de la Question.

1. Je ne demande pas s'il eſt plus
agreable, mais s'il eſt plus utile.

2. Je ne parle pas du comun des lecteurs ſuperficiels ; eſprits frivoles qui
ne liſent les matieres, meme les plus
ſerieuſes, que pour s'amuſer.

Je parle des lecteurs inportans a la
ſocieté, qui ſont employez actuèlement
dans le Gouvernement, ou qui ſongent
a y ètre un jour employez.

3. Je ne pretens pas banir du ſtile
demonſtratif quelques ornemens legers,
qui loin de diminuër la force du rai-
ſonement, ne font que le mettre dans
un jour plus agreable, en conſervant
toujours le fonds de la metode geometrique, qui de toutes les metodes eſt

la

la plus convaincante pour les efprits qui font uzage de leur raizon, & qui peuvent conduire les autres.

4. Je ne pretens pas banir ni les petites préfaces intereffantes, ni les tours agreables qui fervent a reveiller & a augmenter l'atention du lecteur.

5. Je me reftrains ici a la Politique, qui eft la matiere la plus ferieufe, la plus utile, & la plus inportante a laquelle l'efprit humain puiffe s'apliquer: & voila pourquoi je cherche le ftile, non le plus agreable, mais le plus propre a perfuader & a convaincre les lecteurs inportans.

RAISONS POUR PREFERER LE STILE DEMONSTRATIF.

1. Que doivent faire ceux qui gouvernent, lorfqu'ils rencontrent des cas où il eft a propos de deliberer fur deux partis a choizir? N'eft-ce pas de tacher de voir, avec autant de precifion qu'il eft poffible, le nombre & la qualité des avantages & des desavantages de chaque parti? Car la préférence ne fe doit doner qu'après les avoir pezé & nombré, avec le plus de precifion que l'on peut.

Or

Or peut-on dire que le ſtile oratoire plein de figures, d'epitètes, d'allu-
ſions, d'antitèzes, de jeux d'eſprit,
de bons mots, ſi propres a enfler ou a
diminuër les objets au dela de la realité, ſoit auſſi fort propre a pezer &
a calculer ces avantages & ces desavantages avec preciſion?

2. Que deux Orateurs ſoient d'opinions opoſées ſur une queſtion politique; que par deux diſcours oratoires
ils defendent chacun leur opinion, en
ataquant l'opinion qui leur eſt contraire; que l'on demande a un Filozofe politique qui les a entendus, quel
parti il croit le meilleur? Que fait-il
pour en juger avec plus de ſeureté?
Il demande par ecrit leurs diſcours, il
eſtime d'un coté toutes les raiſons de
l'un, & de l'autre coté il eſtime toutes les raiſons de l'autre, il en compare les deux reſultats; en un mot il
fait ce que ces Auteurs auroient dû
faire, il ſe donne une peine qu'ils auroient dû lui epargner, en evitant le
ſtile oratoire plein d'ornemens, & en
prenant le ſtile ſimple qui conduit
l'eſprit non aux deſirs vifs & aux
craintes vives, mais a l'evidence & a

la

la demonſtration du meilleur parti.

Cete demonſtration peut devenir aritmétique, ſi le Filozofe reduit a un poinȼt fixe d'argent, comme de mille ou de pluſieurs mille onces d'argent, chaque avantaje ; s'il deduit chaque dezavantaje ſur le meme pied de mille ou de pluſieurs mille onces d'argent, & s'il en fait autant ſur les avantajes & les dezavantajes du parti contraire. Car alors comparant le rezultat d'un parti avec le rezultat du parti opozé, il verra avec evidence de combien un parti l'emporte ſur l'autre.

3. Preferer d'amuſer des eſprits ſuperficiels qui ne ſervent de rien au Gouvernement, a demontrer une verité inportante a ceux qui gouvernent, ou aux jeunes gens deſtinez a gouverner ; ce n'eſt pas le caraȼtere d'un bon citoyen, mais le caraȼtere de l'homme frivole.

4. Le leȼteur inportant ne retient point un diſcours oratoire, mais il retiendra les principales raiſons d'une demonſtration politique, & pourra s'en ſervir pour perſuader ceux avec qui il deliberera.

5. Les raisonemens faux se cachent bien plus facilement dans le stile oratoire, où l'on se sert de comparaisons, d'allusions, d'antitezes, & d'autres figures agreables, que dans la metode geometrique.

6. Le stile oratoire est proportioné au peuple, aux ignorans, aux femmes, qui ne savent que sentir, & chez qui le sens du raisonement est trop foible faute d'exercice.

7. La metode qui peut faire faire plus de progrez en moins de tems a la sience du Gouvernement, est preferable aux discours qui ne sont qu'agreables.

8. La metode d'eclaircir les objections l'une aprez l'autre par 1°· & 2°· est simple, mais la seule qui puisse epuiser tous les doutes du lecteur, & par consequent operer en lui une certitude entiere, c'est a dire l'efet d'une demonstration geometrique.

Il est vrai que cete metode oblige quelquefois dans la reponse aux objections, a repeter aux lecteurs les principes de decision : mais il ne faut pas croire que cete repetition leur soit inutile, au contraire elle est souvent

ne-

neceſſaire a operer leur entiere perſuaſion.

De la il ſuit que les Auteurs qui ecrivent ſur la ſience du Gouvernement pour inſtruire les lecteurs *inportans,* doivent preferer la metode des Geometres a la metode des Orateurs. *Ce que je m'etois propoſé de démontrer.*

OBSERVATION XXXVII.

Adition aux Traitez de l'Education.

OBJECTION I.

Je comprens bien que l'on peut tirer de grans avantages de l'emulation entre les Ecoliers, pour ariver aux diſtinctions honorables de leur claſſe : diſtinctions qui feront, les unes pour exceller dans le courage a ſoufrir les injures, pour plaire a l'Etre bienfaizant dans les autres vertus qui regardent la bienfaizance, les autres dans les conoiſſances qui regardent l'eſprit, & les talens les plus utiles a la ſocieté.

Mais vous m'avouërez que cete emulation eſt le comencement de l'envie, vice trez facheux pour celui qui en eſt ataqué, & trez pernicieux pour la focieté, furtout quand il a eu le loifir de fe fortifier. Il eft naturel de haïr fes rivaux avec qui l'on a fans ceffe a partager l'eftime de ceux qui nous environnent, les honeurs, les diftinctions flateuzes & les louanges, qui font les efets naturels de leur eftime.

REPONSE.

1. Je conviens avec vous que l'emulation eft un defir du plaifir de furpaffer les autres, & une crainte de la douleur d'en être furpaffé. Je conviens qu'il eft fans ceffe queftion de partager l'eftime de ceux dont nous fommes environez, & qu'il eft affez ordinaire de fe trouver difpofé a haïr celui qui nous ote, quoiqu'innocemment, le plaifir de la diftinction qui nous etoit deftinée, s'il n'avoit pas merité plus que nous.

Je conviens que cete difpofition a la haine eft trez contraire au bonheur, tant de celui qui en eft ataqué, que de celui qui eft haï. Mais il me femble que dans la bone education, dans laquelle les Regens auront particulierement en vuë de deraciner tous les
vices,

vices, c'eſt a dire toutes les ſources de nos injuſtices, ils obſerveront ſurtout de ne doner jamais aucune diſtinction a l'envieux injuſte, c'eſt a dire a celui qui ſe fait ſeul juge dans ſa propre cauſe.

2. Qui prouve trop, ne prouve rien. Or votre objection prouveroit que dans l'education ordinaire meme, c'eſt un defaut de doner des places diſtin-guées, & des prix aux ecoliers qui ſe diſtinguent; ce qui eſt au contraire trez avantageux a l'education des en-fans.

3. De quoi diſputeront la moitié du jour les ecoliers? Ne ſera-ce pas a qui ſurpaſſera les autres en vertus, c'eſt a dire a qui ſera plus juſte & plus bienfaiſant envers tout le monde, & ſurtout envers leurs camarades? Or peut il tomber dans l'eſprit d'un eco-lier, qu'il fut bienfaiſant envers ſon rival, s'il n'etoit pas meme juſte en-vers lui?

De la il ſuit que jamais dans la bon-ne education, il n'y aura a craindre que l'emulation degenere en envie in-juſte, entre ceux qui ne diſputeront qu'a qui ſera le plus juſte, le plus poli;

N ſ

c'eſt

c'eft a dire le plus bienfaifant de fes
camarades, lors meme qu'ils difputeront de fuperiorité dans les qualitez.
de l'efprit.

4. Je conviens que s'il ne s'agiffoit
entre les ecoliers, que de difputer de
fubtilité, de vivacité, d'etenduë d'efprit, de jufteffe de raifonement, de degrez d'eloquence, d'agrémens de ftile,
d'exactitude & d'etenduë de memoire,
l'emulation entre rivaux pouroit facilement degenerer en haines mutuelles,
& en procedez injuftes.

Mais dans notre fupofition, où les
ecoliers difputeront tous les jours a
qui fera le plus jufte, le plus bienfaizant, le plus poli; l'ecolier jaloux
contiendra fa jaloufie dans les bornes
de la politeffe, & craindra plus de
paffer pour envieux, qu'il ne defirera
de paffer pour avoir des talens fupe-
rieurs.

5. L'envie eft un vice que l'on ne
peut pas corriger dans l'education do-
meftique, parcequ'il n'y a pas de pareils que l'on puiffe envier.

A U-

AUTRE OBJECTION.

Les enfans de meme age font diferens en intelligence, en gout, en habitudes. Ainfi il fera dificile de leur
donner une education commune, qu'ils
puiffent s'aproprier.

REPONSE.

1. A l'egard des enfans d'une intelligence tardive, on les laiffe deux ans
dans la meme claffe.

2. S'il s'agit de l'education domef-
tique d'un Prince d'un efprit tardif,
on retarde a proportion l'education de
fes petits camarades qui ont plus d'intelligence que luy, ils font peyez pour
l'attendre.

3. Tous ont beaucoup de gout pour
la diftinction en bien entre leurs pareils, tous craignent la diftinction en
mal. C'eft un reffort comun, qui
bien mis en œuvre fufit pour leur doner
a tous un mouvement fufifant, pour
entreprendre & pour avancer dans
leurs entreprizes ; Et pour bien diriger
toutes leurs actions & leurs entreprizes, il fufira de leur doner les vrayes
idées

idées de ce qui est de plus aimable & de plus estimable, justice & bienfaizance; & les vrayes idées de ce qui est plus ou moins ou haïssable ou méprizable, injustice & fainéantize.

4, Tous craignent l'Enfer, tous desirent le Paradis. On peut facilement fortifier tous les jours ce maitre ressort, qui sera dans deux ans assez fort pour les tenir obeïssans, apliquez, dociles, doux a soufrir les injures sans se plaindre, contens dans le travail sans murmurer, patiens, justes, polis, bienfaisans; & par consequent assez puissant pour les guerir de leurs mauvaises habitudes, & meme de leurs mauvais panchans. Or pour fortifier tous les jours ce puissant ressort, il faut leur parler tous les jours, sinon des peines des Dannez injustes, au moins des grands plaisirs des Bienhûreux bienfaisans.

AUTRES REMARQUES SUR L'EDUCATION.

AVERTISSEMENT.

A l'ocasion d'un jeune Prince que l'on va tirer des mains des femmes pour

pour le confier aux hommes, j'ai fait quelques nouvelles remarques sur l'education; elles pouront servir a d'autres, les voici.

PREMIERE REMARQUE.

Il faut emploïer plus de la moitié du jour
a fortifier les habitudes a la Vertu.

J'ai demontré plusieurs veritez inportantes dans les Traitez inprimez sur l'Education, & j'en ai suposé plusieurs comme demontrées ailleurs.

Je supose comme demontré que notre ame, cete substance qui sent le plaisir & la douleur, n'est point matiere ; & que comme substance plus noble, plus parfaite que la matiere, elle ne durera pas moins que la matiere qui durera toujours.

De la il suit que notre ame qui ne durera dans cete vie que peu d'anées, durera sans fin dans l'univers, comme la matiére durera aussi de son coté sans fin.

Je supose comme demontré qu'il y a dans l'univers un Etre parfait, & par conséquent infiniment puissant, infiniment sage, infiniment juste, & infiniment bienfaisant.   • • De

De la justice de l'Etre parfait, il suit que les hommes injustes qui n'auront pas eté sufisament punis dans ce monde, seront punis ailleurs; c'est ce que nous apelons l'Enfer.

De la bienfaisance infinie de l'Etre parfait, il suit que les hommes qui pour lui plaire & pour l'imiter, auront été trez bienfaisans, seront recompensez ailleurs dans l'univers & sans fin; c'est ce que nous nommons le Paradis.

De la il suit que l'education des enfans ne doit pas se borner a diminuër leurs maux, & a augmenter leurs biens en cete vie; mais encore a leur faire eviter les injustices, de peur de deplaire a Dieu & de peur de l'Enfer, & a augmenter le nombre de leurs actions de bienfaisance pour s'assurer le Paradis; c'est a dire une segonde vie exemte de toute sorte de maux, incomparablement plus durable que celle cy, incomparablement plus remplie de grans plaisirs, & par consequent plus semblable a la vie de l'Etre parfait, qui est necessairement infiniment hûreux.

Je supose comme demontré que l'Etre parfait aime les hommes au poinct, que

que non feulement il leur diftribuë journèlement, par lui meme & immediatement, une infinité de bienfaits ; mais encore qu'il leur recomande de l'imiter de ce coté-là le plus qu'il leur fera poffible, & d'etre pour lui plaire les plus juftes & les plus bienfaifans qu'ils pouront les uns envers les autres.

Je fupofe comme demontré que pour procurer efectivement beaucoup de grans biens aux hommes, il ne fufit pas d'en avoir le defir ; mais qu'il faut encore avoir ou. un grand pouvoir du coté de la fortune, ou de grans talens du coté de l'efprit : & voila pourquoi il eft a propos dans l'education des enfans de cultiver leur efprit, afin qu'ils foient un jour en pouvoir par leurs talens d'etre plus bienfaifans envers leurs familles, envers leurs concitoyens, & envers les autres hommes.

De la il fuit que pour rendre les enfans plus aimables , plus eftimables, plus hûreux dans cete vie, & plus feurs d'un bonheur eternel dans la fegonde vie ; il faut principalement leur doner l'habitude a dezirer, a chercher tous les jours , & le long des jours, les moyens les plus feûrs & les plus efica-

ces d'obtenir le Paradis. Or ces moïens
font les pratiques de la juftice & de la
bienfaifance.

Je fupofe comme demontré que les
bons defirs du cœur, & les pratiques
de la juftice & de la bienfaifance, font
des moïens encore plus eficaces que
les moïens qui viènent uniquement des
conoiffances de l'efprit.

Je fupofe comme demontré que nos
habitudes font d'autant plus fortes en
nous, & influënt d'autant plus fur nos
actions, que les actes & les motifs des
actes ont eté plus fouvent & plus lontems repetez.

De la il fuit que des heures que les
precepteurs & les gouverneurs doivent
emploïer a l'education des enfans, il
eft a propos qu'il y en ait au moins la
moitié d'emploïées, ou a leur faire
pratiquer, ou a leur faire defirer de
pratiquer la juftice & la bienfaifance;
& la moitié a exercer leur efprit, pour
augmenter les conoiffances qui doivent etre les fondemens de leurs talens
futurs. *Et c'eft ce que je m'etois propofé
de démontrer.*

S E-

SEGONDE REMARQUE.

Neceſſité de l'Hiſtoire.

L'experience nous montre que les enfans, comme les autres hommes, s'eloignent autant qu'ils peuvent de tout ce qui leur paroit penible; ſi pour ſurmonter cete peine, ils n'ont pas l'eſperance vive & preſente d'une recompenſe beaucoup plus grande que n'eſt leur peine.

De la il ſuit que les maitres doivent ſaiſir toutes les ocaſions qui ſe preſentent, pour leur peindre vivement, tantot les maux que cauſent les injuſtices, tantot les plaiſirs que procurent les diverſes parties de la bienfaiſance.

De la il ſuit qu'outre les ocaſions qui ſe preſentent chaque jour, la ſorte d'etude qui fournit davantage de ces ocaſions, c'eſt l'Hiſtoire.

Il y a deux ſortes d'Hiſtoires, l'Hiſtoire générale des Nations, & l'Hiſtoire particuliere de certains Hommes.

L'Hiſtoire donne ocaſion, non ſeulement de parler des mœurs, & de peindre vivement les punitions & les recompenfes futures ; mais elle donne encore ocafion de parler de toutes les Conoiffances qui peuvent entrer dans l'education générale & particuliere, Cronologie, Geografie, Sience Militaire, Aftronomie, Aritmetique, Géometrie, Peinture, Architecture, Arts, Langues, Religion, Fizique, Logique, Medecine, Anatomie, Jurisprudence, Politique, Mufique, Poëfie, Comédie, Rétorique &c. Et il faut enfégner toutes ces chofes par petites parties, & jufqu'a certain poinct, & felon les divers ages & les diverfes claffes, aux enfans.

Les enfans, comme les autres hommes, aiment les Hiftoires nouvelles. Ainfi il eft a propos de fe fervir, tantot de l'Hiftoire generale des Nations, tantot des Hiftoires particulieres des Hommes, comme d'un canevas agréable pour amener, & pour lier la Morale & la Politique a toutes les autres Conoiffances, dans lesquelles on fera faire chaque jour quelque progrez au jeune Prince, & a fes petites camarades.

TROI-

TROISIEME REMARQUE.

Maniere de conter les Histoires.

Je supose que le precepteur, & les souprecepteurs, ayent lû les *Contes des Fées*, les *Fables* que l'on apele *Contes Bleus*, & les petits *Romans*, & qu'ils aïent observé les choses principales qui donent le plus d'attention & de plaisir aux enfans qui aiment ces sortes de Fables ; je supose qu'ils aïent observé les tons, les gestes, qui font le plus d'inpression sur leurs ecoliers.

Alors en contant une partie de l'Histoire, soit generale soit particuliere, ils auront soin de peindre beaucoup de choses sensibles, les habits, les meubles, les maisons, les discours, les dialogues, les passions &c. Il faut que ce que nous avons de l'Histoire soit comme le canevas, & que le conteur y ajoute les diverses broderies, les divers traits, & les diverses couleurs qui excitent l'emulation, les desirs, les craintes, en un mot les diverses passions des petits auditeurs.

 Qui

Qui voudroit conter aux enfans nos Hiſtoires, telles qu'elles ſont ecrites pour nous, ils ne les entendroient pas, ils n'i prendroient aucun plaiſir; parce qu'elles ne ſont pas ecrites pour eux. C'eſt donq au conteur a s'abaiſſer juſqu'a la portée de leur intelligence naiſſante, qui demande beaucoup de circonſtances extérieures & ſenſibles: c'eſt a lui a broder tellement ſon canevas, que les enfans retiennent le corps principal de l'Hiſtoire, avec le ſecours du plaiſir que leur fait la broderie, & les divers tons du conteur.

C'eſt ainſi que de l'Hiſtoire de la Geneze, le precepteur pourra paſſer a l'Hiſtoire des Aſſiriens, des Medes, des Perſes, des Egiptiens, des Grecs, des Romains, & a l'Hiſtoire particuliere des Juifs juſqu'a la Naiſſance du Meſſie. Enſuite l'Hiſtoire des Empereurs juſqu'a Clovis, & puis les Hiſtoires particulieres des Etats d'Europe.

Dans l'Hiſtoire generale, quand il rencontrera des hommes Illuſtres, & ſurtout des Saints, il en contera les avantures particulieres, par raport a

la

la recompenfe des talens & de la vertu, & a la punition des injuftices.

Cete forte d'education aura un grand
avantage : c'eft qu'elle fera plus diver-
fifiée, & cependant plus pleine de repetitions diferentes, qu'aucune autre.
Or on fait qu'il faut d'un coté, beaucoup de repetitions pour former de
fortes habitudes ; & de l'autre, qu'il
faut beaucoup de diverfité pour entretenir le plaifir, & par confequent l'a-
plication & les fortes inpreffions dans
le cerveau de l'enfant.

Il a paru cete anée 1730. le Ier. Tome d'un excelent Abregé de l'Hiftoire
generale des Nations, compofé par
M. Rollin. Les Precepteurs & les
Regents pouront le perfectioner, &
s'en fervir utilement pour la bafe & le
canevas de ce qu'ils enfégneront d'Hif-
torique a leurs Ecoliers ; pour amener
certaines parties de la Morale & de la
Politique fpeculative & pratique, &
les autres Conoiffances les plus utiles.

    QUA-

QUATRIEME REMARQUE.

Habitude à dire son avis modestement sur les Opinions contestées, & sur les Gouts.

C'est un defaut rare de douter de tout. C'est un defaut très ordinaire de ne douter de rien.

On ne voit que gens qui decident trop souvent d'un ton afirmatif, qui trouvent fort mauvais que l'on soit d'avis contraire au leur. Si quelqu'un leur resiste, ils lui disent avec presomption, *qu'il faut etre bien ignorant, bien opiniatre, bien extravagant*, pour ne se pas rendre a leur opinion. Or cela est un grand defaut dans la conversation.

On peut en garantir ceux que dans une bone education l'on aura acoutumé, surtout les trois dernieres anées, a dire simplement; *Je ne suis point encore de votre avis.... Jusqu'a present telle proposition me paroit vraie..... Jusqu'a present telle autre me paroit fausse.... Jusqu'a present telle autre me paroit douteuse.... Votre proposition, votre opinion n'est point encore sufisament demontrée pour moi....*

Si

Si tous les jours les Ecoliers un peu
grans font ufage de ces expreffions
modeftes, ils aquiereront fans i penfer
une grande habitude a penfer & a parler modeftement ; qualité qui ne bleffe
perfonne , & qui conferve la docilité
jufques dans la vieilleffe.

Celui qui inprudemment a dit fon
opinion fauffe d'un ton trop afirmatif,
fe trouve comme engagé d'honeur a
foutenir fon erreur : au lieu qu'il fe
rendroit fouvent a la verité, s'il n'a-
voit dit autre chofe, finon; *Quant a
prefent cete opinion eft vraie pour moi...
J'atens pour en changer que l'on me donne une demonftration de l'opinion contraire. . . . Je garde mon opinion par
provifion comme vraie pour moi, a vous
permis de garder la votre qui eft vraie
pour vous. . . .*

La docilité procure a l'homme fage
un grand avantage, que n'ont pas les
préfomptueux & les afirmatifs ; parce qu'ils croient fottement, qu'ils ne
peuvent rien aprendre des autres. C'eft
que l'efprit peut toujours croitre en
lumieres, & que fans rien perdre de
fes lumieres propres, il peut en lifant,
en ecoutant avec attention, jouir en-

 core

core des lumieres des autres, & s'a-
proprier tous les jours facilement leurs
conoiſſances.

Ce que je dis pour rendre les Ecoliers plus modeſtes, & pour leur aprendre a ne regarder les opinions ſur les
choſes conteſtées, que come des opinions proviſioneles, en attendant la
demonſtration; je le dis auſſi ſur ce
qui regarde les gouts, dans les com-
paraiſons que l'on fait ſur toutes les
choſes qui cauſent du plaiſir & de la
douleur.

Il eſt a propos de leur doner l'habitude de parler ſi modeſtement de
leurs gouts, qu'ils ne puiſſent ofenſer
ceux qui ont des gouts très diferens.
Si un Ecolier dit abſolument, *telle ſauſſe
eſt bonne*, il ofenſe celui qui dit que la
meme ſauſſe n'eſt pas bone. . . . *tel
endroit de tel diſcours, tel endroit de telle
tragedie eſt trez beau.* . . . Il ofenſe
& contredit celui qui eſt d'avis contraire; *telle perſone eſt la plus belle de
la Cour.* . . . *telle perſone chante le mieux
. . . . telle voix eſt plus belle que telle
autre.* . . . C'eſt mal parler, c'eſt contredire les autres. Mais que l'Ecolier
ajoute à ces propoſitions ces deux
mots,

mots, *pour moi*, telle sauße eſt bonne
pour moi .... cet endroit de ce Poëte
eſt beau *pour moi* .... il eſt meilleur,
il eſt plus beau *pour moi, il me fait plus
de plaiſir que tel autre*; il ne condane
point le gout des autres, il n'ofenſe
perſone, il ne contredit perſone, il rend
ſeulement temoignage de ce qu'il ſent
dans le moment preſent : & deux perſones de ſentiment contraire ſur le
beau, ſur le bon, ſur l'eſtimable, ſur
le juſte, peuvent ainſi dire vrai , &
ſans ſe choquer.

Je croi meme que l'on pouroit,
pour entretenir davantage la concorde
dans la ſocieté , dire *cela eſt faux pour
moi quant a preſent* .... *cela eſt vrai
pour moi quant a preſent.* Les diſputes
entre les Catoliques & les Proteſtans
ſeroient fort adoucies, & c'eſt un des
fondemens de la tolérance ſi deſirable
entre les hommes.

De là il ſuit que la maxime de Logique, *de deux propoſitions centradictoi-
res l'une eſt vraie, l'autre eſt fauße,*
eſt ſujete a explication. Car elles peuvent etre toutes deux vraies & toutes
deux fauſſes, reſpectivement a deux
conteſtans. C'eſt que le vrai & le faux,

 le

le jufte & l'injufte, fe fentent par les
hommes comme l'agreable & le dou-
loureux. Ainfi chacun peut rendre
temoignage de ce qu'il fent, ou comme vrai, ou comme faux, ou comme
jufte, ou comme injufte.

Il eft vrai pourtant qu'une propo-
fition peut etre vraie en foi, qu'une
action peut etre injufte en foi, fans
aucun raport a perfone : mais il n'eft
pas moins vrai que nous ne jugeons,
& que nous ne faurions juger de cete
verité & de cete injuftice, que par notre fentiment particulier, & par con-
féquent par raport a nous. Deux Sectes
ont chacune leur verité contradictoire,
qu'elles apelent *verité abfoluë*, *verité
en foi* ; mais elles n'en jugent que par
leur propre fentiment particulier.

Quelqu'un qui dit, *je ne fuis point
encore*, *je ne penfe point encore comme
vous*, ne bleffe perfonne, & il laiffe
efperance de fentir & de penfer un jour
comme celui à qui il parle. Or n'eft-
il pas de la politeffe, & meme de la
juftice, de prendre garde de bleffer les
autres par un ton afirmatif & decifif ?
Et n'eft-ce pas un grand avantage dans
l'education, qu'un Ecolier y aprenne a

ne

ne jamais contredire, sans cependant abandoner ce qu'il prend pour le vrai & pour le meilleur, dans le tems qu'il voit un autre d'un avis contraire.

AUTRES REMARQUES SUR L'EDUCATION.

Inportance de la meilleure Education par raport à l'Etat.

Tout le monde sait par sa propre experience, que l'habitude est une segonde nature; & que nos opinions, nos sentimens, nos choix, nos actions, nos projets, nos entreprises, se forment sur des habitudes qui sont fondées elles-memes, tantot sur des opinions vrayes, c'est a dire sur la realité; tantot sur des opinions fausses, c'est a dire sur l'imagination & sur l'illusion; & par consequent tantot justes & tantot injustes, tantot prudentes & tantot inprudentes.

Tout le monde convient d'un coté que les habitudes bones ou mauvaises, aquises durant les neuf ou dix anées d'education, influënt beaucoup sur le reste de la vie; & de l'autre que l'age ou il est plus facile de doner aux hommes

mes des habitudes, c'eſt l'age de la jeuneſſe, dans lequel il n'y a point de longues habitudes mauvaiſes a combatre & a detruire, avant que de pouvoir etablir les boncs.

Tout le monde convient que les habitudes les plus inportantes au bonheur de l'Ecolier, au bonheur de ſes Parens, au bonheur de ſa Nation, ce ſont les habitudes a la vertu, c'eſt a dire l'habitude a craindre de faire tort, de faire mal a quelqu'un, de lui faire injuſtice de peur de deplaire a Dieu, & l'habitude de faire du bien aux autres pour lui plaire.

Tout le monde convient qu'il y a beaucoup de Conoiſſances qui ſeroient beaucoup plus utiles aux Ecoliers, que celles qu'on leur donne preſentement; comme a expliquer le Grec, comme a faire des Vers Latins & a compoſer en Latin; & qu'il eſt raiſonable d'employer dans l'education des enfans plus ou moins de tems aux habitudes & aux conoiſſances, a proportion que ces habitudes & ces conoiſſances leur peuvent etre utiles pour augmenter leur bonheur, & le bonheur de leurs parens & de leurs concitoyens.

Tout

Tout le monde convient que ſi la Cour, par un Bureau de gens ſages, dirigeoit tous les coleges des garſons & des filles du Royaume ſur un plan d'une pratique plus vertueuze & incomparablement plus utile a la ſocieté, que celui que l'on ſuit preſentement; tous les emplois publiqs au bout de cinquante ans ſe trouveroient remplis d'homes incomparablement plus vertueux qu'ils ne ſont, & les familles de femmes plus vertueuzes & de domeſtiques plus raizonables.

On verroit incomparablement plus de juſtice & de bienfaiſance, ſoit parmi les Eveques, les Curez, & les autres Ecleſiaſtiques; ſoit parmi les Oficiers de guerre grans & petits, jeunes & vieux; ſoit parmi les Miniſtres & les Comis; ſoit parmi les Magiſtrats ſuperieurs & inferieurs; ſoit parmi tous ceux qui ont quelque ſuperiorité, ou quelque commandement.

On verroit dans les familles des femmes incomparablement plus economes, plus ocupées du ſoin de ne point deplaire a leurs maris, & de bien elever leurs petits enfans.

Or

Or si l'on voioit incomparablement plus de justice & de bienfaisance parmi les hommes, n'est-il pas evident que l'on i verroit incomparablement plus de bonheur dans cete Vie, & beaucoup plus d'esperance bien fondée du bonheur de la Vie future?

La bonne education est le moien le plus eficace que nous propose la Providence, pour oposer avec succez la force de l'habitude, c'est a dire la force d'une segonde nature juste, bienfaisante, eclairée, patiente, a la force de la premiere nature ignorante, inprudente, injuste.

De là il suit que la bone education de la jeunesse est une des plus inportantes parties de la Police d'un Etat. *Ce que je m'etois propozé de demontrer.*

A D I T I O N.

J'aprouve fort la coutume des Religieuses de la Visitation, d'habiller leurs pensionaires simplement & uniformement. Je voudrois que les ecoliers eussent de meme un habit uniforme; afin que les enfans des riches & des pauvres aprenent a ne point attendre de de diftinction & de louanges de leur habillement, mais feulement des qualitez de l'efprit & de leurs vertus.

L'Autorité d'un Bureau eft abfolument neceffaire pour diriger l'Education vers la plus grande Utilité Publique.

1. Il faut une autorité fufifante, foit pour autorifer les meilleurs plans & les meilleures metodes que l'on a propofées ou que l'on propofera fur cete matiere, foit pour former des ftatuts, foit pour les faire executer d'une maniere uniforme dans tous les Coleges.

2. Il faut un Bureau pour raffembler, un jour de la femaine, les fept ou huit des meilleurs confulteurs fur cete matiere, & pour les faire conferer enfemble.

3. Quand ces confulteurs feront eux memes ainfi autorifez, ils pourront plus facilement ramaffer de tous cotez les bons memoires, & les vuës falutaires que d'autres leur prefenteront, & les porter à l'Affemblée. Ces vuës falutaires fans leur fecours retomberoient dans le neant, & ne fructifieroient non
plus

plus que le froment qui tombe dans le chemin. Or pour avoir de pareils confulteurs, il faut avoir un pareil Bureau, dans lequel ils foient confultez.

4. Il i a quantité de revenus deftinez par nos ancetres a l'education la plus utile de la jeuneffe, qui ne font pas emploiez auffi utilement a cet ufage qu'ils pouroient l'etre, & qui meme n'i fervent prefque de rien. Or il faut l'autorité d'un Bureau pour rendre ces revenus plus utiles a la Societé Cretienne, il faut l'Autorité Roïale pour juger en dernier reffort les conteftations qui ariveront fur ces matieres.

5. Il i a beaucoup a compofer en François, pour l'utilité des claffes de diferens ages ; tels font les Hiftoires, les Scenes vertueufes, les Romans vertueux. Il faut former & compofer des Elemens de diverfes Siences les plus utiles, diftribuées pour les diferentes claffes, & pour chaque mois, pour chaque femaine ; il faut former des metodes pour aprendre les deux ou trois dernieres anées du Latin, autant qu'il fera un jour utile au comun des Ecoliers d'en favoir, pour entendre les Auteurs Latins, mais non pour compozer en Latin. Or

Or pour faire travailler plusieurs bons ouvriers sur ces matieres, pour les diriger dans leurs travaux, & pour les encourager, il faut absolument un Bureau, une Assemblée où l'on puisse decider avec autorité quels sont ceux qui meritent le mieux des pensions sur les Benefices, & quels sont ceux qui en meritent moins.

De toutes ces considerations il suit, qu'un Bureau pour diriger l'Education des Coleges est absolument necessaire.

On peut etablir ce Bureau, & commencer le grand Ouvrage de la bone Education, sans qu'il en coute presentement aucun argent ni au Roy ni a l'Etat.

Rien n'est plus facile a etablir qu'un Bureau deja tout etabli. Or il i a par exemple un Bureau nouvellement etabli *pour perfectioner le Droit François*; & ce Bureau ne peut-il pas aussi devenir le Bureau de l'Education? Cete partie de la Police n'est-elle pas du ressort du Chef de la Police? Ce Magistrat ne peut-il pas doner chez luy un bureau par semaine pour le Droit

François, & dans la meme femaine...
aſſembler le meme bureau pour l'Education ? Ne peut-il pas diſpenſer ceux
qui le compoſeront, de quelques autres
bureaux beaucoup moins inportans au
Bien Publiq ?

Si quelqu'un des membres du Bureau ne pouvoit pas i vaquer, n'eſt-il
pas facile a M. le Chancelier de le remplacer par quelque excellent ſujet,
pris ou dans le Conſeil, ou dans des
Compagnies ſuperieures, qui ſera ravi
de doner ſon tems *gratis* a un ſervice
auſſi inportant pour l'utilité de l'Etat ?

A l'egard des ſept ou huit conſul-
teurs, ils ne couteront rien non plus.
1. La plupart ſont deja peyez par l'E-
tat pour ce ſujet. 2. Quelques-uns
d'entre eux pouront eſperer des Benefices. 3. Les autres pouront eſperer
d'autres graces, ſoit pour eux, ſoit
pour les leurs. Or une grande eſperance bien fondée, n'eſt-elle pas pour
les hommes un reſſort ſufiſant pour
les mettre en mouvement, & pour les
maintenir dans leurs travaux ?

Les tems deviendront encore meilleurs dans peu par la Paix, & alors
ne

ne fera-t-il pas facile au Roi de re-compenfer par des penfions actuèles, ou par des honeurs, ceux qui fe feront diftinguez genereufement par leurs travaux.

Il y a une obfervation decifive, c'eft que ce travail fi inportant a la grande augmentation du bonheur de la Nation fera commenfé, il fera deja en bon train, & l'etabliffement tout formé quand les finances feront retablies, & cela fans qu'il en ait couté au Roi autre chofe que de doner des efperances legitimes.

Or le Roi pouroit-il refufer de doner des efperances pour former un Etabliffement fi falutaire & fi cretien, qui lui atirera les benedictions du Ciel, & la reconoiffance eternelle de tous les François, pour un etabliffement qui lui fera un fi grand honeur parmi les autres Nations de la terre, & qui lui procurera une fi grande diftinction dans la pofterité entre les Rois fes pareils.

 OB-

OBSERVATION XXXVIII.

Adition pour mettre tout a la fin de l’Ouvrage qui a pour titre, *Projet pour perfectioner la Forme du Gouvernement des Etats.*

REFLEXION.

Si le Scrutin perfectioné, qui fait plus de la moitié de la nouvelle metode du Gouvernement, eſt un excellent *Antropometre*; ſi c’eſt la meſure la plus ſeûre du merite des Oficiers publiqs; on peut dire que la nouvelle metode dans ſon entier, ſeroit une meſure ſeûre pour meſurer exactement le merite des Rois.

Si, par exemple, le Roi Louis XV. a ſuivi, la moitié plus ſouvent que le Roi ſon ſucceſſeur, les avis des bureaux de ſon Conſeil pour le choix des diferens partis a prendre dans les Afaires publiques, & s’il a ſuivi la moitié plus ſouvent que ce ſucceſſeur les avis du Scrutin pour le choix des diferens Oficiers qui doivent remplir les emplois publiqs, n’eſt-il pas evident qu’il ſera regardé dans la poſterité comme aiant

eu

eu d'un coté la moitié plus de prudence par raport a ſes propres interets &
aux interets de l'Etat, & comme aiant
eté d'un autre coté la moitié plus juſte
envers ſes voiſins , & la moitié plus
bienfaiſant envers ſes ſujets, que le Roi
ſon ſucceſſeur.

Je dis, la poſterité. Car c'eſt a la
poſterité ſeule, & meme a la poſterité
un peu eloignée, à meſurer la veritable valeur des Rois, à comparer leurs
actions de prudençe, de juſtice, & de
bienfaiſance. C'eſt a elle de meme a
meſurer les inprudences où ils ſont
tombez, & les injuſtices qu'ils ont co-
miſes durant leur regne. En un mot,
c'eſt à cete poſterité ſeule, & non aux
contemporains, a les placer, ſelon leur
merite de Rois, les uns beaucoup au
deſſus des autres.

Mais c'eſt aux contemporains ſeuls
a decider du plus grand, ou du plus
petit merite national des Oficiers leurs
pareils. Ils ſont les ſeuls bons juges
de ceux avec qui ils ont a vivre. Ils
auront par le ſcrutin un puiſſant reſſort,
tant pour ſe coriger de leurs defauts,
que pour travailler a aquerir des vertus
& des talens; reſſort que ne ſauroient

 jamais

jamais avoir les Rois dans le meme degré de force, parceque les Rois ne sauroient vivre qu'avec leurs inferieurs, & jamais avec leurs pareils.

OBSERVATION XXXIX.

Nom Personel, Nom de Famille.

Dans tous les siecles & dans toutes les nations, chaque homme a eu un nom distinctif, qui servoit, en parlant de lui, a le distinguer personellement des autres hommes. Mais les Romains aprirent aux autres nations a ajouter au nom personel le nom de sa famille, de sorte qu'au bout de plusieurs siecles on pouvoit reconoitre dans l'Histoire publique d'une nation, que tel qui y est cité avec eloge etoit de la meme famille, que tels & tels qui vivoient deux cens ans après lui.

C'est une conoissance curieuse & agreable pour les familles qui ont eu des ancètres illustres, mais on remarqua encore alors que cete conoissance curieuse etoit très utile aux descendans de cete famille, & meme avantajeuse a la nation.

Utile

Utile a la famille, en ce que les hommes se trouvent naturellement portez a preferer, a favoriser, a honorer ceux qui apartienent par la naissance a des hommes connus dans l'Histoire, pour avoir rendu de grans services a la nation.

Utile a la nation, en ce que les descendans sont plus excitez que les autres citoyens a imiter leurs propres ancêtres, a exceler dans des talens utiles, & a les employer comme eux a la plus grande utilité de la Patrie.

Les Grecs n'avoient pas porté de ce coté la leurs vuës si loin, que les Romains. Et pour nous qui somes sortis des barbares Alemans, nous n'avons commensé, meme parmi notre noblesse, a imiter de ce coté la les Romains, qu'environ sous le Regne de Filipe Segond dit Auguste, qui mourut en 1222. Chaque homme, avant ce tems là, avoit un nom de bateme & son nom personel ; mais il ne tenoit point de son pere ce nom personel, & ne le donoit point a son fils. Ce n'etoit point un nom de famille, il n'y avoit point de nom de famille hereditaire que prissent tous les enfans du meme pere.

Les

Les noms des peres commencerent alors a devenir hereditaires dans quelques familles nobles, & communément ce furent des noms de terres & de fiefs dont ils etoient seigneurs. Mais dans la plupart des autres familles nobles, les enfans ne prenoient point encore le nom de leur pere, ni dans le monde, ni meme dans les actes; ils ne prenoient que leur nom personel.

Mais peu à peu sous ce regne, & sous les regnes suivans, les familles nobles prirent la coutume de joindre le nom de leur pere a leur nom personel, surtout dans les actes. Ainsi les noms de familles devinrent noms hereditaires pour tous ceux qui etoient descendus d'un meme homme, par diferentes branches divisées & soudivisées.

Cete heredité de nom servoit à reconoitre les memes familles, & à les distinguer des autres, & à distinguer meme les diferentes branches de la meme famille. Or cela fut si bien aprouvé de tout le monde, que deux cens ans aprez, les roturiers meme commencerent, à l'imitation des familles nobles, à conserver un nom de famille, & ils ajouterent à leur nom

de

de bateme le nom de leur pere.

Ce fut alors que cete coutume commença à passer en Angleterre parmi les nobles, & puis en Danemarq, & puis en Suède, où les noms de famille n'ont eté ajoutez aux nom personels, & ne sont devenus comunément hereditaires dans les maisons nobles, que depuis environ l'an 1500.

Consequences de l'Etablissement des Noms de Familles.

De là il suit que *Louis VIII.* fils de *Filipe Auguste* Roi de France, du vivant de son pere, devoit s'apeler dans les actes *Louis Fils ainé de France*; & après la mort de son pere changer de nom, & s'apeler dans les actes *Louis Huit ou Huitiéme Roi de France*.

Je dis *Louis Huitieme* : car dans les actes il faut que le lecteur, dans mille ans, puisse facilement conoitre qui est ce *Louis Roi de France* qui parle dans tel acte.

Reflexion.

Je dirai à ce propos qu'originairement *Clovis* & *Louis* etoit le meme nom, & que le meme nom a eté pro-

noncé

noncé & ecrit de plufieurs manieres, meme en Latin.

Il n'eſt pas aiſé de conoitre l'anciene prononciation du nom de *Clovis* ; parceque nous ne le tenons que d'une tradition orale, fort ſujete au changement, & par conſequent fort incertain : & a l'egard de la prononciation latine, nous ne la tenons que des auteurs Latins, qui ont latiniſé ce mot alemand.

Cependant comme ils nous ont tous conſervé la lettre *D* dans ces deux prononciations *Clodovæus* & *Ludovicus*, il faut que nous ne prononcions pas bien preſentement le nom du fondateur de la Monarchie des Francs, dans lequel nous ne prononçons plus l'articulation ſignifiée par la lettre *D*. Ainſi il ſemble qu'il faudroit prononcer, & ecrire *Clodvis*.

Il reſte deux autres dificultez ſur l'anciene prononciation du nom de ce fondateur de la Monarchie.

La premiere, c'eſt que comme les Romains n'avoient point dans leur Alfabet de figure particuliere de la premiere ſilabe du mot *Volo*, & qu'ils n'avoient pour cela que la meme figure dont ils ſe ſervoient pour ſignifier le

ſon

fon ou la voyele du mot *lux*, nous ne pouvons favoir avec certitude fi dans le mot *H Ludovicus* il faut prononcer la lettre U qui fuit la lettre O comme confonne, ou comme voyele.

Mais pour moi je croi que cete lettre dans *Ludovicus* eft une confone, & par confequent qu'il faudroit ecrire & prononcer *Lovis* & non pas *Louis*, *Clovis* & non pas *Clouis*.

On a ecrit en latin ce nom, auffi bien que celui de Clotilde, de fept ou huit manieres diferentes.

Si dez le commencement au nom du fegond Clovis on avoit ajouté le mot *fegond*, Clovis *fegond*, Clovis *troifieme*, dans les actes nous aurions aujourdui Clovis *dixhuitieme*, au lieu que nous avons Louis *quinzieme*. Car nous avons commencé notre premier Louis à Louis le Debonaire, qui devoit s'apeler naturellement Clovis *Quatre* ou *Quatriéme*.

Pour preuve que c'eft le meme nom, un de mes amis très favant particulierement dans notre Hiftoire, m'a fait voir que *Hincmar*, Archeveque de Rheims, en parlant à *Louis le Debonaire*, ecrit en latin de la meme maniere

niere le nom *H Ludovicus* fondateur de la Monarchie Françoife, & le nom de Louis le Debonaire *H Ludovicus*; il met la lettre *H* avant la lettre *L*, & fe fert de ce meme nom pour tous les deux.

La fegonde dificulté, c'eft de favoir ce que fignifioit cete figure **H** mife avant la lettre **L**. Aparemment que les Romains n'aiant point dans leur prononciation l'articulation que nous avons dans le mot *mouillé*, & que nous apelons mouillé, & n'aiant point par confequent dans leur alfabet de figure particuliere pour exprimer le premier **L** de Louis, les predeceffeurs de Hincmar imaginerent de mettre un **H** avant **L**, pour exprimer cete forte d'articulation inconuë aux Romains.

Nous memes nous n'avons pas encore de figure particuliere, pour exprimer cete articulation particuliere qui eft dans notre langue. Je l'exprime dans un Difcours fur l'Ortografe par la figure **G - L**, à peu prez come les Italiens, mais en ajoutant un trait qui joint **G** avec **L**, mais ils ne mettent pas ce trait de jonction, auffi leur maniere d'ecrire cete articulation refte-t-elle t-elle equivoque : au lieu que lorsque je n'en fais qu'une lettre par le petit trait de jonction, cete lettre n'eſt plus equivoque, & ſignifieroit notre pronociation dans le mot *mouillé, moug-lé.*

Mais revenons à nos principes, & à nos conſequences, ſur les noms de famille.

AUTRES CONSEQUENCES.

De là il ſuit que *St. Louis,* du vivant de ſon pere, ne devoit point s'apeler Monſeigneur *Louis de Poiſſy,* mais Monſeigneur *Louis Fils ainé de France* ; & après la mort de ſon pere, il devoit dans ſes edits, declarations, arrets, & lettres patentes, s'apeller *Louis Neuf* ou *Neuvieme* Roi de France.

Robert, qui etoit ſegond fils de *Louis Neuvieme,* mourut en 1318. Il avoit pour apanage le Comté de *Clermont* en Beauvoiſis ; ainſi il devoit dans les actes s'apeler Monſeigneur *Robert Fils ſegond de France-Clermont,* avec un petit trait qui lie le mot *France* avec le mot *Clermont,* & qui n'en faſſe qu'un ſeul nom ; & dans le monde il devoit s'apeler, du nom diſtinctif de ſon apanage, *M. le Prince de Clermont.*

Il

Il epoufa *Beatrix de Bourgogne*, fille & heritiere d'*Agnez de Bourbon*, heritiere de la Maifon de *Bourbon*.

De cete regle il fuit que *Louis*, fils de *Robert*, devoit s'apeler dans les actes *Monfeigneur Louis Petit-fils de France-Clermont*, & dans le monde *M. le Prince de Clermont* & non de *Bourbon*. Car il eft plus convenable de prendre le nom d'un Apanage, d'une Maifon Roïale, que le nom d'une Terre particuliere, quand meme elle feroit erigée en Duché - Pairie.

Le terme de Prince marque prefentement davantage en France l'illuftration de l'origine, & la grandeur de la naiffance, que le nom de *Duc*, ou de *Marquis*, ou de *Comte*, ou de *Baron*, ou de *Pair*.

Le nom de l'apanage doit fe garder pour la diftinction des branches de la Maifon Roïale; car les apanages font prefentement inalienables, & reverfibles a la Couronne au defaut de males.

De là il fuit que *Pierre* fon fils devoit s'apeler dans les actes *Monfeigneur Pierre Prince de France-Clermont*, pour le diftinguer des autres Princes de France.

De

De là il fuit que *Jaques* fon fegond fils, Comte de la Marche, tige du Roi regnant, devoit s'apeler dans les actes *Monfeigneur Jaques Prince de France-Clermont* Comte *de la Marche* Seigneur *de Caranfi*, & s'apeler dans le monde *M. le Prince de la Marche.* Il epoufa *Jeanne de Chatillon*, fille de *Hugues* Seigneur *de Caranfi.*

De là il fuit que *Jean* fon fils devoit s'apeler dans les actes *Monfeigneur Jean Prince de France-Clermont*, mort en 1303. Il epoufa une Princeffe de *France-Vendome.*

De là il fuit que *Louis* fon fegond fils, Comte de *Vendome*, Grand Maitre, mort en 1448. devoit s'apeler dans les actes *Monfeigneur Louis fegond Prince de France-Clermont*, & s'apeler dans le monde *Prince de Vendome.* Comme il eft le fegond *Louis* de la branche de *Clermont*, il etoit à propos, pour empecher la pofterité de le confondre avec *Louis* fon bifayeul, d'ajouter le chifre 2 après le mot *Louis.*

De là il fuit que *Jean* fon fils, qui epoufa *Izabeau de Beauvau*, mort en 1478, devoit s'apeler dans les actes *Monfeigneur Jean II. Prince de France-Clermont.*

De

De là il fuit que *François* Comte de *Vendome* fon fils, qui epoufa *Marie de Luxembourg* Comteffe de *St. Paul* en 1495, devoit prendre dans les actes le nom de *Monfeigneur François Prince de France-Clermont Comte de Vendome*, & s'apeler dans le monde *Prince* & non *Comte* de *Vendôme*; comme *Charles* fon fils, mort en 1531, devint en 1527 le premier Prince de France de la branche de Clermont. Il devoit alors dans les actes s'apeler *Monfeigneur Charles Prince de France - Clermont Duc de Bourbon & de Vendome*, & dans le monde *Prince* de *Vendome* & non pas *Duc:* car *Prince* parmi nous eft plus noble que *Duc*, furtout depuis les prerogatives atachées aux Princes du Sang Roial dans le dix feptieme fiecle.

De là il fuit qu'*Antoine* fon fils, qui à caufe de *Jeanne d'Albret* fa femme etoit Roi de Navarre, & qui mourut en 1562, eut pour fils *Henri IV.* & fon frere *Louis* Prince de *Condé* tué a Jarnac en 1569. duquel font fortis les Princes de *Condé* & les Princes de *Conty*, devoit s'apeler dans les actes *Antoine Prince de France-Clermont Roi de Navarre*, & dans le monde fimplement *Roi de Navarre.* De

De là il suit que *Henri* son fils ainé devoit suivre l'exemple du Roi son pere, & du vivant de son pere prendre dans les actes ses memes titres, & dans le monde le nom de *Prince de Navarre* : mais devenu Roi de France en 1589. par la mort de Henri III. il devoit quiter le nom *de France-Clermont*, & s'apeler simplement *Henri IV. Roi de France & de Navarre*, & dans le monde, *le Roi*. Et c'est ce qu'il a fait, excepté qu'après le mot *Henri* il devoit ajouter le chifre 4. pour faire entendre qu'il etoit le quatriéme du nom *Henri*, Roi de France.

Il faut observer que par l'Edit de Henri III. son predecesseur, les Princes du Sang Roial qui sont Pairs doivent précéder tous les autres Pairs ; & que par l'Edit de Louis XIV. de 1711. les Princes de la Maison de France, que l'on apele ordinairement Princes du Sang Roial, ou Princes du Sang, quoiqu'ils ne soient pas Pairs du Roiaume, doivent toujours précéder à la Cour & au Parlement, tous les Pairs qui ne sont pas Princes du Sang.

De là il suit que le Roi Louis XIII. a manqué à ajouter à son nom de bateme *Louis*, le chifre 13. Roi de France.

Ces principes sont raisonables & uniques, pour eviter la confusion des branches, pour conserver la distinction & la subordination d'ainesse dans les branches futures, soit par la tradition orale dans la conversation, soit par la tradition ecrite dans les Histoires & dans les Actes.

AUTRES CONSEQUENCES DES MEMES PRINCIPES.

De là il suit qu'a l'egard de M. le Duc d'Orleans *Monseigneur Louis Prince de France - Orleans Duc de &c.* en joignant par un petit trait le mot *France* avec le mot *Orleans*, pour n'en faire qu'un nom de branche & de famille; & dans le conversation, M. *le Prince d'Orleans.*

De là il suit que M. le Duc de *Chartres* devroit s'apeler dans les actes *Prince de France-Orleans Duc de Chartres*, & dans la conversation *M. le Prince de Chartres.*

De

De là il fuit que M. le Duc devroit s'apeler dans les actes *Monfeigneur Louis Henri Prince de France - Clermont Duc de Bourbon &c.* & dans la converfation il devroit s'apeler *M. le Prince de Bourbon.* C'eft prefentement l'ainé de la branche de France-Clermont, parceque Henri IV. qui en etoit l'ainé, a quité ce nom de branche pour prendre le nom de Roi de France : & comme M. le Duc a deux noms de bateme *Louis Henri,* on ne doit pas mettre de chifre après *Louis Henri,* parceque dans cete branche il n'i a point d'autre *Louis - Henri* que lui.

De là il fuit que le Comte de *Charolois* doit s'apeler dans les actes *Monfeigneur Charles II. Prince de France-Clermont Comte de Charolois,* mais dans la converfation il doit s'apeler *Prince de Charolois.*

Il faut mettre après le mot *Charles* le chifre 2 pour marquer que c'eft le fegond *Charles* de cete branche.

De là il fuit que M. le Comte de *Clermont* dans les actes devroit s'apeler *Monfeigneur Louis III. Prince de France-Clermont* ; dans la converfation on doit l'apeler *Prince de Clermont,* pour le

 diftin-

diftinguer des *Clermont*, qui ne font ni Princes du Sang, ni meme Princes etrangers.

De là il fuit que M. le Prince de *Conti* dans les actes devroit s'apeler *Monfeigneur Louis 1V. Prince de France-Clermont Duc de Conti*, & dans la converfation s'apeler comme on l'apelle *Prince de Conti*.

On peut ainfi reduire chaque matiere à ces principes, & mettre de l'ordre là où il n'y a que confufion & defordre. Ici la metode ou la forme eft beaucoup plus inportante que la matiere; & fi l'ordre plait meme dans les petites chofes, quel efet ne produiroit-il point dans les grandes?

OBSERVATION XXXX.

Ce que peut faire le Miniftre pour comanfer à perfectioner l'Education des Coleges.

Tout le monde convient que dans l'Education il eft incomparablement plus inportant au bonheur des enfans & de la focieté, de les rendre fort juftes, fort patiens, & fort bienfaifans, que de les rendre fort habiles dans la langue

langue Latine ou dans la langue Gréque. De là il fuit qu'il eſt beaucoup plus inportant d'emploier plus d'heures de la journée à les exercer ſur ces vertus, qu'a les exercer à compozer dans ces langues en proze & en vers.

Il ſufit preſque à tous ceux qui ſortent du Colege d'entendre la langue Latine. Ceux qui ont beſoin de ſavoir ecrire en Latin, ne ſont pas un contre cent, & ceux là pouront s'y apliquer hors du colege.

Or pour aprendre à traduire, ne ſufit-il pas de commanſer à dix ou onze ans, & d'y employer une heure par jour, durant trois ou quatre ans, pour aprendre des conoiſſances incomparablement plus utiles?

Le Miniſtre peut donq demander à ceux qui dirigent les Coleges de Paris, leur avis par ecrit ſur les quatre articles ſuivans.

1. Combien d'heures par jour doit-on retrancher l'anée prochaine de l'etude du Latin, ſoit dans la chambre, ſoit dans la claſſe, depuis ſix ans juſqu'a dix ou environ, depuis la Claſſe qu'on apele *la ſixieme* juſqu'en *troiſieme* incluſivement. Ne ſeroit-il pas

 mieux

mieux d'emploier ces heures retranchées aux exercices de prudence, de justice, & de bienfaisance, & à d'autres exercices de l'esprit & des conoissances, par exemple, Géografie, Aritmetique, Art de bien prononcer, de bien ecrire, Grammaire, Histoire &c?

2. Leur demander combien pouroit-on retrancher des heures que l'on donne par jour au Latin & au Greq, depuis dix ans jusqu'a treize; & de quels exercices, soit pour former les habitudes à la justice & à la bienfaisance, soit pour perfectioner l'esprit par la justesse, & par de nouvelles connoissances, pouroit-on remplir ce tems retranché, par exemple des exercices pour la justesse du Raïsonement, des commencemens de la Géometrie, de la Fizique, de l'Astronomie, de l'Anatomie, de la Cronologie &c?

Ne pouroit-on pas encore leur faire lire les meilleures Poësies Françoises, des morceaux des Discours de Morale les plus eloquens, & leur en faire remarquer la beauté & l'utilité, & les fautes soit contre l'Eloquence, soit contre la Morale; ne pouroit-on pas les exercer a ces sortes de critiques?

3.

3. Au lieu de la Logique speculative, ne pouroit-on pas faire dans toutes les classes des observations sur les defauts de Justesse dans les Raisonnemens?

Ne pouroit-on pas y ajouter la lecture des Vies des Hommes Illustres?

Ne pouroit-on pas l'anée suivante faire enségner tout en François, & faire les theses & les autres exercices publiqs en François?

4. N'est-il pas à propos de retenir le gros de la forme ancienne de l'Education des Coleges, & y ajouter seulement tous les ans peu à peu quelques Exercices nouveaux, & i emploier les heures que l'on otera aux Exercices du Latin & du Greq?

Ne faut-il pas, à l'exemple de ceux qui batissent, se servir d'une partie de l'ancien batiment pour s'i loger, tandis qu'on travaille à i en ajouter de nouveaux?

Les Principaux du Colege doneront leur avis au Ministre dans leurs Memoires, qui les renvoyera à examiner au Bureau du Conseil, qui sera chargé de decider par des reglemens, tout ce qui regarde cete matiere; & de faire

 ob-

obferver ces Reglemens, dans tous les Coleges du Roiaume.

Ce Bureau aura toujours pour but de faire donner aux jeunes gens les plus fortes habitudes qu'il fera poffible aux vertus, & à l'aquifition des talens les plus utiles à l'augmentation de leur propre bonhèur, & du bonheur de la Patrie.

OBSERVATION XXXXI.

Projet pour foulager les Pauvres des Paroiffes de Paris.

Dans le mois de Fevrier 1724. je fis inprimer un Projet pour foulager les Pauvres, & pour faire ceffer la Mandicité. Il fut apuyé par M. l'Eveque de Frejus, à prefent Cardinal de Fleury; & l'on vit paroitre le 18 Juillet 1724. un Edit, qui pourvoit d'un coté a l'augmentation du revenu des Hopitaux; & de l'autre, une forte de punition contre ceux qui, au lieu d'aler a l'Hopital, font le metier de mandians.

Nous avons commencé à remedier à un grand mal, & il y a lieu d'efpe-rer que fi le Roi forme un Bureau

per-

perpetuel fous la direction d'un Intendant des Finances, pour la confervation, l'augmentation, & pour la meilleure adminiftration des Hopitaux ; le Roiaume non feulement ne retombera plus dans les efroiables defordres où nous l'avons vû de ce coté là, mais que tout ira en fe perfectionant tous les jours, pour le foulagement de la plus pauvre portion du Bas-Peuple.

Pour former ce Bureau il faudroit neuf ou dix membres choifis par fcrutin, habiles, laborieux, zelez pour le Bien Publiq, & peu occupez ; & pris dans le Parlement, dans la Chambre des Comptes, dans la Cour des Aides, & meme parmi ceux qui n'ont point, ou qui n'ont plus d'emploi.

Mais il refte une autre portion du pauvre Peuple de Paris qui eft auffi dans la grande mifere, malgré les affiftances journalieres que ces Pauvres des Paroiffes reçoivent des fages Etabliffemens de Charité des Paroiffes de la Ville. C'eft du coté d'un fi grand nombre de familles foufrantes, que je demande que le meme Miniftére jette prefentement les yeux, comme à une dependance des Hopitaux. Il y a fur ce sujet quelques observations a faire.

1. Il est bon de considerer que ce soulagement empechera les Hopitaux d'etre surchargez de Pauvres, puisqu'une grande partie de ces Pauvres des Paroisses de Paris, s'ils n'etoient pas assistez par les soins des Compagnies de Charité des Paroisses, tant par les aumones de justice que par les aumones volontaires, seroient forcez de demander d'entrer dans l'Hopital.

2. On voit beaucoup de pauvres familles composées de pere & de mere, aycul ou ayeule, & de beaucoup d'enfans ou petits-enfans, qu'il faut faire subsister chez eux, plutot que de les distribuër dans diverses maisons de l'Hopital General. Premierement, parcequ'etant sous la discipline des parens, les enfans en sont mieux soignez & mieux disciplinez. Segondement, parcequ'en leur donant dequoi les nourrir deux ou trois jours la semaine, cela avec leur travail sufit pour les soutenir ; au lieu que dans l'Hopital il faudroit qu'ils tirassent toute leur subsistance de chaque semaine entiere aux depens de l'Hopital. En troisieme lieu, parcequ'ils travaillent davantage

&

& plus utilement chez eux que dans l'Hopital, parcequ'ils travaillent pour eux memes, & l'augmentation de travail enrichit l'Etat.

3. Il y a outre cela des Pauvres honteux qui se resolvent à soufrir la derniere misere, à manquer de pain & à mourir de faim, plutot que de se resoudre d'aler à l'Hopital. Il faut trouver le moien de diminuer leur misere, qui est d'autant plus sensible qu'ils y sont moins acoutumez.

L'abus inprudent que l'on a fait d'un aussi excelent Etablissement qu'etoit dans les commencemens la Banque Generale, & le Comerce des Actions de la Compagnie des Indes, a jetté dans la misere un nombre prodigieux de bones familles de Paris. Ainsi par un accident très extraordinaire, le nombre des Pauvres honteux est fort augmenté, tandis que la charité des anciens riches devenus pauvres a fort diminué, & la charité des nouveaux riches n'a pas augmenté à proportion de la nouvelle misere.

Telles sont les raisons principales qui demontrent que le Ministere doit doner son attention, non seulement à sou-

ſoutenir les Compagnies de Charité des Paroiſſes de Paris, mais encore à augmenter leur revenu anuel à proportion de l'augmentation de la nouvelle miſere, où ces familles ſont tombées depuis ſix ou ſept ans.

Si je dis que le Miniſtere doit entrer dans cete afaire, c'eſt que j'ai prouvé dans le premier Memoire, que le ſoulagement des Pauvres doit etre regardé par le Roi comme une dette de l'Etat, & dette privilegiée & preſſante.

Cette dette qu'ont les familles très pauvres ſur les familles riches, eſt fondée ſur la premiere loi de l'Equité naturelle, gravée par le doigt de Dieu meme dans tous les eſprits raiſonables : la voici.

Ne faites point contre un autre ce que vous ne voudriez pas qu'il fît contre vous, ſupoſé que vous fuſſiez à ſa place & lui à la vôtre.

Or ſi vous etiez dans la derniere miſere, voudriez-vous que le riche vous refuſat du pain, ou le neceſſaire pour ſoutenir votre vie & celle de vos enfans ?

Celui

Celui qui eſt dans l'extreme pauvreté a donq un droit réel & poſitif, une action de droit naturel ſur le riche ; ſa grande miſere fait ſon droit, & un droit inconteſtable. Or n'eſt-ce pas à la bonne Police à faire en ſorte par un bon reglement, que ce *Droit du Pauvre ſur le Riche* ſoit aquité, & que la premiere de toutes les loix de la Société ſoit obſervée ? Ainſi il paroit qu'en faveur des pauvres familles de Paris, il faut un reglement qui faſſe peyer à tous les citoyens riches, leur part de *l'aumone de juſtice* qui eſt duë aux citoyens qui ſont en danger de perir de miſére.

Pour procéder avec ſageſſe dans cete afaire, il eſt à propos.

1. De ſavoir à quoi ſe monte, anée comune, le fonds anuel de la charité de chaque Paroiſſe à Paris, ſoit celui qui vient de la taxe des maiſons, ſoit celui qui vient des aumones volontaires.

2. Il faut ſavoir de meme par un procez verbal de la Compagnie de la Charité de chaque Paroiſſe, de combien ce fonds devroit être augmenté, pour fournir un ſecours *abſolument ne-*

ceſ-

ceffaire. Or les Paroiſſes des faubourgs ſont ſurchargées de pauvres, & ont peu d'habitans riches; tandis que d'autres Paroiſſes n'ont preſque point de pauvres, & beaucoup de riches. Ainſi l'on ne ſauroit regler ſagement la contribution totale & neceſſaire pour Paris, que l'on ne conoiſſe avec certitude à quoi monte le total des beſoins de toutes les Paroiſſes de la ville; afin de fournir, par une augmentation de taxe ſur les maiſons, un ſecours qui ſoit proportioné à cete augmentation de beſoins.

Si la Police employe ſon autorité, pour faire peyer au pauvre par le riche *l'aumone de juſtice*; ce riche s'il eſt bienfaiſant, ne laiſſera pas de faire encore des aumones volontaires; parcequ'il ſait que par ſon *aumone de juſtice* il ne peye que ce qu'il doit, & que qui ne fait que peyer ce qu'il doit n'a aucun merite, ſoit qu'il le peye volontairement, ſoit qu'il le peye en ſe ſoumettant à l'Autorité de la Police. Il n'y a proprement que celui qui donne au delà de ce qu'il doit, qui puiſſe s'apeler *bienfaiſant*. Il n'y a que lui qui merite d'etre loué & recompenſé par

l'Etre

l'Etre souverainement bienfaisant. Il n'i a proprement que lui qui ait du meri- te, & qui puisse pretendre au Paradis par la voye de l'Aumone.

Ainsi quand la Police se melera de faire peyer au riche injuste son *aumone de justice*, d'un coté elle le force de peyer sa dette, qu'il ne peyroit point sans cela : & de l'autre, elle laisse au riche bienfaisant la liberté d'avoir en- core le merite de faire *l'aumone de bien- faisance*, en donant aux Pauvres au delà de ce qu'il leur doit.

Ce que fait la Police, c'est qu'en assûrant le peyment de *l'aumone de jus- tice* contre les Riches injustes, qui ne comptent point l'aumone de justice entre leurs dettes, elle assûre aux Pau- vres malades, un secours extraordi- naire de la part des Riches bienfaisans, qui passe un peu au delà de l'extreme necessaire.

Pour augmenter cete *Aumone de jus- tice*, il n'y a qu'à augmenter un peu la taxe des maisons, à proportion de leurs loyers.

DEVOIR

DEVOIR DES ADMINISTRATEURS.

.Il ne fufit pas que les Directeurs des Compagnies de Charité foient feûrs du bon emploi de ces fonds, il eft encore à propos qu'ils donent eux memes diverfes preuves publiques de ce bon emploi. Car l'aumone volontaire & de bienfaifance diminueroit beaucoup, & meme s'aneantiroit, fi l'on pouvoit foupfoner dans la Paroiffe une mauvaife adminiftration de ces fonds.

Il me femble que pour *les aumones de bienfaifance*, la plupart des bienfaicteurs diftinguez devroient etre nommez dans le Regitre des bienfaits, & leurs noms & leurs bienfaits inprimez du moins après leur mort. Ainfi il faut un Regitre dans chaque Paroiffe, pour ces aumones de bienfaifance.

Dans la Paroiffe de St. Roch, il eft etabli que ceux qui feront dans le Role des Pauvres de la Paroiffe ne mandieront point. Si ce reglement etoit obfervé dans toutes les autres Paroiffes, il n'i auroit point de mandians, ou bien il n'y auroit que des mandians faineans & puniffables ; puisqu'il ne tient qu'à

eux

eux d'etre secourus, soit par l'Hopital, en i alant; soit par la Compagnie de la Charité de la Paroisse, en se fezant inscrire sur le Role.

On a inprimé pour la meme Paroisse un modele d'information. Les quinze Pretres des quinze quartiers de la Paroisse s'en servent pour faire, avec exactitude & avec facilité, les informations de la pauvreté de celuy qui demande du secours.

En general il est à propos d'aprendre aux riches qu'ils doivent quelque chose au miserable, & que s'ils etoient miserables les riches leur devroient quelque chose. Cete dette est petite, puisqu'elle ne monte qu'autant que monte l'extreme besoin du pauvre, forcé par la necessité à demander du secours, Mais cette dette est privilegiée, il n'y en a point de plus presfante que de faire cesser l'extreme faim ou la maladie du pauvre. Cette dette est une aumone, puisqu'elle se donne aux pauvres: Mais c'est une *aumone de justice*, une aumone legitimement deuë; parceque le riche, s'il devenoit très pauvre, la trouveroit une dette très legitime. Or n'eſt-il pas juſte qu'il peye ce qu'il voudroit que les riches lui peyaſſent, s'il etoit fort pauvre.

Cependant rien n'eſt plus vrai que dans Paris, les riches aprendront avec ſurpriſe qu'il faut qu'ils mettent au nombre de leurs dettes privilegiées *l'aumone de juſtice*; & nous ſerons peut-ètre les premiers peuples de l'Europe qui donerons cours à la loi de *l'aumone de juſtice*, & qui honorerons plus que les autres peuples les bienfaiĉteurs publiqs, qui font des *aumones de bienfaiſance*, après avoir peyé *les aumones de juſtice*.

Depuis Louis XII. pere du peuple, nous avons commencé à mettre en taxe, dans la ville de Paris, *l'aumone de juſtiſe*. Nos loix en ont fait une dette qui ſe prend ſur les maiſons, & dont les locataires s'aquittent comme d'une dette active, que le Magiſtrat a droit d'exiger pour faire ſubſiſter les pauvres de la ville. Mais cete taxe ne ſufit plus, parceque le nombre des pauvres a plus augmenté à proportion, que le nombre des riches juſtes & bienfaiſans n'a augmenté.

Con-

CONCLUSION.

Les dernieres taxes des maisons ont eté faites, lorsque le marq d'argent etoit à vingt-huit livres, au lieu qu'il eſt preſentement à près de cinquante livres. Il faudroit au moins augmenter la taxe des maiſons, à proportion de l'augmentation de la monoye, c'eſt à dire au moins d'un tiers.

OBSERVATION XXXXII.

Pour avoir de meilleurs Memoires des Intendances, que ceux qui furent envoyez à la Cour par les Intendans en 1698 & 1699.

Ces Memoires furent demandez à tous les Intendans pour l'inſtruction de feu M. le Duc de Bourgogne, pere du Roi. Mais comme le plan qu'on leur envoya etoit très defectueux, il ne faut pas s'etoner ſi les Memoires qu'ils envoierent de l'etat de leurs Intendances, ſe trouverent auſſi très defectueux. J'ai vû ce plan inprimé a la fin d'une edition du *Teſtament Politique du Cardinal de Richelieu* de 1689 à Amſterdam. On peut ſoupſoner qu'il

a

a eté fait ſous la Minorité du feu Roi Louis XIV, & aparemment dans le deſſein de l'inſtruire un jour de l'etat de ſes Provinces.

Ces ſortes de Memoires des Intendans doivent etre faits pour pluſieurs fins.

1. Pour inſtruire un jeune Prince des bones maximes de Politique, miſes actuèlement en pratique dans les Provinces.

2. Pour lui montrer ce que l'on pouroit faire de mieux dans chaque Intendance, en ſuivant de meilleures maximes pour la plus grande utilité des Sujets.

3. Pour inſtruire l'Intendant ſucceſſeur, & le mettre plus promtement au fait de ſes plus inportans devoirs.

4. Pour inſtruire le Roi, le Miniſtre General, & les autres Miniſtres, des details ſoit du Comerce actuel, ſoit des Subſides, ſoit de la Milice, ſoit des Revenus des proprietaires de chaque Province, ſoit du Nombre des habitans.

I.

Un Intandant de frontiere doit, de concert avec le Commandant, prendre

des

des mesures par leurs espions, pour se mettre à couvert des surprises des voisins : comme l'Intendant des Provinces non frontieres doit de son coté etre averti a tems, des plus petits commensemens & du progrez des seditions : & ils doivent marquer dans leurs Memoires, les mesures qu'ils ont prises sur ce sujet : *Principiis obsta.*

II.

Il y a des details que doit savoir l'Intandant, & qui ne sont inportans ni pour le jeune Prince, ni pour le Ministre Il leur inporte peu de savoir ou d'ignorer le nom de toutes les Abayes, de toutes les Collegiales, le nombre des Chanoines de chaque Collegiale, la date de la fondation d'un Eveché & d'une Abaye. S'il a quelque jour besoin de savoir pareils details, il a divers Oficiers qui ont toute sorte de Dictionaires, & par qui il en peut etre informé sur le champ. Le Prince, le Ministre, doivent laisser la conoissance des details aux subalternes, pour doner toute son attention à la conoissance & à la combinaison des Faits generaux, & des Maxi-

mes

mes generales, qui regardent la premiere place, & le premier moteur de tous les moteurs subordonez.

III.

Si l'on veut faire gouter au Prince la Sience du Gouvernement, il ne faut pas lui presenter des Etablissemens secs & decharnez. Il faut lui en dire historiquement les motifs, c'est à dire les avantages que les Etablisseurs se sont proposez; afin de lui en faire comprendre toute l'utilité. Ces motifs le rendent plus atantif, les faits s'inpriment mieux dans sa memoire, & l'on exerce ainsi en meme tems sa memoire & sa raison.

IV.

Comme le but principal du Prince sage & bienfaisant, est d'augmenter le bonheur de ses sujets, l'Intendant, à l'ocasion de chaque etablissement, doit marquer en gros ce qu'il seroit à propos d'en retrancher ou d'i ajouter, pour le rendre plus utile au Publiq; & c'est en cela particulierement que paroitra la superiorité d'esprit d'un Intandant, à l'egard des autres Intandans.

Il seroit à propos meme que l'Intandant mit en abregé à la fin de son Memoire, & dans un meme chapitre, une recapitulation de divers perfectionemens qu'il desireroit, soit dans les reglemens, soit dans les etablissemens, & qu'il renvoiat le lecteur aux Memoires detaillez qu'il peut en avoir mis dans le regitre dont nous alons parler.

V.

La *Description Historique des Provinces de France par Piganiol* est curieuse. Il est à propos de la perfectioner, comme le Dictionaire Topografique de la France, dont j'ai parlé. Car la curiosité est un gout qui produit du plaisir : & pour satisfaire ce gout, il faut charger deux Academiciens Literaires subordonez, de ces sortes d'Ouvrages, qui doivent etre perfectionez à toutes les editions.

Mais l'Ouvrage propre d'un Intandant doit tendre à instruire son successeur, le Prince, & les Ministres, non des choses curieuses & peu utiles au Publiq, mais des choses les plus inportantes au bonheur de la Nation; & leur marquer le plus ou le moins

R 4   d'utilité

d'utilité des diferens etablissemens, soit
faits, soit à faire.

VI.

Comme il i a des Cartes où la France est divisée par Gouvernemens &
par Lieutenances Generales, d'autres
où elle est divisée par Generalitez &
par Elections, d'autres où elle est divisée par Evechez & par Archidiaconez, d'autres où elle est divisée par
Parlemens & par Jurisdictions ; l'Intandant n'a point besoin de parler des
bornes de toutes ces sortes de divisions.
Il seroit meme à souhaiter pour la comodité du Gouvernement, qu'il n'y
eut en France qu'une seule division
qui convint aux Intandans, aux Parlemens, aux Commandans & aux Eveques. La chose est possible, mais elle
n'est pas facile. C'est un ouvrage de
longue paix qui ne se fera jamais, si
l'on ne charge quelque Bureau, &
quelques membres du Bureau d'y penser, & si on ne les interesse sufisament
à s'en bien aquiter, & surtout à le
commanser. Ces diferentes divisions
prouvent que notre Roïaume a eté
fait de pieces & de morceaux, en atandant qu'on pût le reduire sous un seul
& meme plan. VII.

VII.

Dans les Gouvernemens foibles, dans des Minoritez où il n'i a point aſſez de troupes dans les Provinces, où l'on peut craindre des partis & des revoltes, on pouroit avoir beſoin de ſavoir qui ſont les Eveques, les Seigneurs, les Magiſtrats, qui i ont plus de credit : mais dans les Regnes forts, dans les tems calmes, ou les Intandans ſont apuyez par une force infiniment ſupérieure, perſone n'a de crédit dans les Provinces que les Intandans. Cete obſervation fait voir que celui qui a dreſſé le Memoire pour les Intandans, vivoit dans la Minorité du feu Roi, où le Miniſtre craignoit les revoltes des Provinces. D'ailleurs il y eſt fait mention de Sanſon, qui etoit Geografe du Roi durant cete Minorité.

VIII.

Il feroit à propos qu'il y eut au Greffe des Treſoriers de France de chaque Intandance, un depot des Papiers de l'Intandance, pour l'inſtruction des Intandans ; & que dans ce depot il i eut un Regitre de l'etat de l'Intandance, ſur ce qui regarde 1. la Religion, 2. la Finance, 3. la Juſtice, 4. la Milice, 5. le Comerce, 6. la Police.

IX.

Il feroit à propos que chaque Intandant perfeᶜtionat ce Regitre, en i ajoutant à mezure les changemens qui y feroient arivez de fon tems, foit par de nouveaux reglemens, foit par de nouvelles verifications des denombremens des habitans aᶜtuels, des morts, & de ceux qui naiſſent chaque anée ; du nombre des mâles & des femelles ; des marchandifes, des denrées qui fortent par an de l'Intandance, ou qui i entrent des Peis Etrangers pour etre confomées ; des denombremens, des Oficiers de juftice, des procez commencez, des produits des fubfides diferens, des revenus des Eclefiaftiques & Religieux, des revenus des habitans des Villes tarifées, des roles & des revenus des Gentilshomes, des revenus des Taillables, du nombre de la milice, & des troupes reglées ; des denombremens des bleds, des vins, des manufaᶜtures, des pavez, des canaux, des ponts à faire, des rivieres à rendre navigables, des peages ; du nombre des moutons, des chevaux, des bœufs. Car la baze de la bone Politique, ce font les denombremens exaᶜts.

X.

X.

Il feroit bon que dans ce Regitre chaque Intandant mit en abregé les obfervations qu'il auroit faites, pour perfectioner ces fix parties de la Politique dans cete Intandance; & qu'il i eut auffi plufieurs Regitres, dans lefquels chaque Intandant metroit fes projets en grand, pour montrer en detail l'utilité dont feroit tel reglement, les Etabliffemens qu'il propoferoit, les moiens les plus faciles pour les executer, & les reponfes aux objections.

XI.

Ces deux fortes de Regitres inftruiroient en peu de tems l'Intandant fucceffeur, & l'inftruiroient avec feureté; & au fortir de fon Intandance, il pouroit facilement s'aquiter envers le Confeil, & lui aporter un etat abregé de ce qui eft fait, & de ce qui eft à faire dans fon Intandance. Je dis s'aquiter; car je voudrois qu'il ne fut pas entierement peyé de fes apointemens, qu'après qu'il auroit donné fon Memoire au Grefier du Confeil, qui lui en doneroit un *recepiffé*.

XII.

XII.

Ce feroit avec le fecours de ces abregez & des denombremens de ces Intendans, que le Precepteur politique
du Prince pouroit facilement en compofer un, qui feroit proportioné à fon
age, & propre à lui enfégner les com-
manfemens de diverfes parties de la
Politique le long de fes diverfes claffes,
& quelques obfervations fur les Etabliffemens qu'il feroit a propos d'i faire, ou de perfeƈtioner, pour augmenter le bonheur des Sujets.

XIII.

Ce recueil des Memoires des Intandances deftiné manufcrit à l'education
politique d'un Prince, feroit perfectioné tous les ans dans l'Academie Politique, par un Academicien qui feroit
aprouver fes obfervations à la pluralité
des voix de fon Bureau; & puis il feroit mis entre les mains du Precepteur
du Daufin, que je fupofe choifi dans
la meme Academie Politique.

XIV.

Il i a des gens qui croient qu'il feroit à fouhaiter pour l'utilité publique,
que toutes les Cures, que tous les Evechez,

chez, que toutes les Intandances, que toutes les Places de Premiers Presidens, de Commandans, fussent d'un egal revenu. Pour moi je ne suis pas de cet avis ; car il faut, ce me semble, laisser à l'homme un aiguillon pour travailler avec ardeur toute sa vie, ou du moins presque toute sa vie, pour se distinguer entre ses pareils, pour la plus grande utilité publique. Et pour cela il faut qu'il puisse esperer d'etre elu par ses pareils à une place superieure en revenu, en agrément & en consideration, lorsqu'elle viendra à vaquer Celui qui n'espere plus rien, se relache bientot dans ses travaux, & le laisse enfin surmonter par la paresse ou par la faineantise, & par des amusemens inutiles au Publiq. Le Souverain qui par ses reglemens ne propoze pas toujours aux Oficiers publiqs de nouvèles recompanses, ne doit conter, ni sur de nouveaux travaux, ni meme sur la continuation des anciens.

XV.

J'estimerois fort un pareil Recueil politique, fait par provinces sur les Memoires des Intendans.

1. Parceque les maximes du Gouvernement seroient toujours unies à la pratique. Les maximes generales donent de l'etenduë, mais non de la justesse à l'esprit. Au lieu que la pratique montre les exceptions, & donne cete justesse si desirable.

2. L'auteur d'un pareil Ouvrage, à l'ocasion d'un article d'un Memoire de telle Intandance, expliqueroit à fonds une matiere. Par exemple à l'ocasion des Etablissemens des Religieux, il expliqueroit le projet pour rendre les Ordres des Religieux, des Religieuses, plus parfaits; c'est à dire plus utiles à la Societé Cretienne, & plus imitant l'Etre souverainement bienfaisant.

Ainsi en lisant les Memoires des trente Intendances, le Prince auroit lû & compris plusieurs pareils Memoires aprofondis, ce qui donne beaucoup de force à l'esprit. Il auroit compris les motifs & les raisons de tous les Etablissemens politiques du Roiaume, dans la Justice, dans le Clergé, dans la Milice, dans la Police, dans le Comerce, dans les Finances, & dans les Afaires avec les Etrangers.

3. On fait que c'eſt par la grande repetition, que les faits & les maximes s'inpriment fortement dans la memoire des jeunes gens. Or en fezant lire au jeune Prince de dixhuit à vint ans, ces trente Memoires des Intendances en trente mois, avec les motifs des diferens Etabliſſemens qui feroient bien expliquez, les uns en abregé, les autres un peu au long ; & en le faiſant diſputer ſur ces lectures dans des conferences politiques, on lui feroit ainſi repeter trente fois ſans ennui les maximes les plus d'uſage du Gouvernement.

Il feroit a fouhaiter que depuis quinze ans juſqu'à vint-deux, on l'eut entretenu des matieres politiques, mais en general, pour le preparer à lire avec plus de fruit les Memoires des Intandances qui feroient remplis de details & de motifs particuliers, ſurtout s'ils etoient extremement unis avec les principes generaux de la Sience du Gouvernement.

4. Les Intandans qui manient les afaires de leur Intandances durant quatre ou cinq ans, & qui en ont manié de ſemblables dans d'autres Intandances,

ces, voient bien plus clair, & jugent bien plus juſte de ce qui eſt à faire, & de ce qui eſt praticable, & du plus ou du moins dificile, que les autres bons Eſprits qui n'ont pas pareille experience.

5. Il ſeroit à propos que le Precepteur du Daufin ajoûtat à ce Pecueil un Memoire qui n'eſt pas fait, mais dont il faudroit charger quelqu'un. C'eſt le Memoire de l'etat du Miniſtere & des fonctions des Miniſtres, dans lequel on expliqueroit en detail les principales fonctions des Secretaires d'Etat, les diferens Bureaux & les matieres dont ils ſont chargez, concernant les trois Miniſteres particuliers 1. le Miniſtere General. 2. Le Miniſtere du dedans. 3. Le Miniſtere des Finances & du Comerce interieur, qui fait partie du dedans. 4. Le Miniſtere du dehors chargé du Comerce exterieur, des afaires de la Guerre de terre & de mer, & de ce qui regarde les traitez de Paix, les traitez de Comerce, & les traitez d'Aliance avec les Etrangers.

XVI.

XVI.

Voila comment un Prince, avant que d'entrer dans la pratique des afaires, peut en trois ans faire un excellent cours entier de Politique, d'une speculation d'autant plus seûre, qu'elle seroit plus unie à la pratique; surtout s'il a sur ces matieres des conferences toutes les semaines avec gens d'esprit d'ages diferens, qui disputent devant lui sur les observations qu'ils auront faites sur les memoires des Intandans. Voila comment il seroit à vint cinq ans en etat de faire lui meme de bones observations, pour perfectioner les reglemens & les etablissemens du Roiaume.

XVII.

Il faut renvoier à la curiosité l'histoire des fondations d'Abayes, d'Evechez, de Collegiales, de Commanderies. Ce n'est pas que ceux qui ramassent des faits curieux, ne soient un peu utiles à la Politique, puisqu'ils contribuent un peu à la satisfaction du gout que nous apelons curiosité. Aussi la Politique doit prendre soin de faire subsister ces sortes d'Auteurs, comme les Romanciers, & les Auteurs des

Pieces de Teatre, qui fourniffent aux
fainéans des plaifirs paffagers; & ils
doivent toujours etre confiderez & re-
compenfez dans un Etat, à proportion
de l'utilité qu'ils i aportent.

XVIII.

Je demanderois que l'Intandant marquat le prix commun de la journée du
Journalier ordinaire de chaque Election, avec le prix comun du quintal
de froment & la livre du pain blanc.
Par là on verroit le plus ou le moins
de rareté, ou d'abondance, de l'argent
de fa Province.

XIX.

Je demanderois qu'il marquat les
Hopitaux, les Coleges, les Seminaires où il faudroit unir tel Prieuré; &
les Collegiales, & les Chapitres dont
il faudroit faire des Coleges ou meme
des Hopitaux propres à y faire aprendre des metiers aux pauvres.

XX.

Il feroit à propos de raffembler dans
le memoire total, tous les totaux qui
fe trouvent dans chaque Intandance;
le total des Evechez, le total de leur

re-

revenu ; le total des Places fortifiées où il y a garnison, le total de ces garnisons ; le total de chaque subside de toutes les Generalitez ; le total des Paroisses ; le total des Elections ; le total des Justices ressortissantes ; le total des Oficiers de justice ; le total des emploiez dans les Fermes ; le total des Habitans ; le total des Abayes ; le total des Cures ; le total des Religieux & des Religieuses de chaque Ordre, le total de leurs revenus ; le total des Nobles, le total de leurs revenus ; le total des vaisseaux de Guerre ; le total des vaisseaux Marchands au dessus de cent tonneaux, le total de chaque commerce qui i entre ; le detail des messageries, des postes & des voitures publiques ; le total des forêts du Roy : enfin rassembler toutes les especes de totaux de chaque Intandance.

XXI.

Comme ce memoire des denombremens seroit fort utile aux Ministres, il faudroit charger un Academicien Politique de le perfectioner tous les ans, soit en l'augmentant de nouveaux totaux, soit en corigeant les anciens.

     O B-

OBSERVATION XXXXIII.

Enségner dans la Langue du Peys.

Les sages Romains dont nous empruntons partie de nos loix, & qui avoient emprunté eux memes des Greqs partie des leurs, n'auroient-ils pas trouvé très ridicule & très impertinent, le projet de faire enségner à Rome en Greq ces memes loix, pour etre obfervées par les Romains?

C'est une reflexion que je fis hier, à la Teze de Droit que foutenoit un des fils de Mr. le Chancelier Daguesseau.

OBSERVATION XXXXIV.

Il ne faut pas confondre la Sience du Droit Publiq avec la Sience du Gouvernement.

Definitions.

Par ces termes, *Sience du Droit Publiq*, j'entens *la conoissance d'un droit qu'un Souverain peut avoir contre un autre Souverain.*

Cete Sience ne regarde que la conduite jufte & injufte des Souverains avec leurs Voifins : elle ne nous enségne

ſégne qu'à diſcerner dans leurs diſe-
rens la juſtice de l'injuſtice.

Par ces termes, *Sience du Gouvernement*, j'entens *là conoiſſance des moiens
qui peuvent le plus contribuer à augmenter le bonheur des familles qui compoſent
un Etat.*

Cete Sience regarde la prudence de
la conduite du Souverain, & envers
ſes Voiſins, & envers ſes Sujets.

CONSEQUENCES.

De là il ſuit que la Conoiſſance du
Droit Publiq tend à diſcerner entre
deux Souverains qui conteſtent, celui
qui a le droit ou la raiſon de ſon coté,
& celui qui a tort & qui eſt injuſte.

Cete Sience a pour objet la conoiſſance de la juſtice & de l'injuſtice,
entre parties conteſtantes qui n'ont
point de loix communes.

De là il ſuit que la Sience du Gouvernement qui a pour objet la conoiſſance de ce qui peut contribuer davantage à l'augmentation du bonheur de
l'Etat, embraſſe la conoiſſance du Droit
Publiq, entant que conoiſſance utile
à l'Etat, & comme un moien pour

 eviter

eviter les injustices avec les Etats voisins, & pour obtenir quelquefois justice de ces memes Etats voisins.

Au lieu que la Sience du Droit Publiq n'embrasse pas la conoissance de
tous les moiens, de tous les reglemens
des Etablissemens qui peuvent augmenter le bonheur des sujets.

De là il suit que la Sience du Gouvernement vise à decouvrir ce qui est
utile, & ce qui est nuisible à l'Etat,
& à discerner le parti le plus utile du
moins utile : & il i a beaucoup de partis sur lesquels il n'i a point de parties
contestantes, & où il n'est point question par consequent de conoitre le juste, mais seulement lequel est le plus
utile, lequel est le moins nuisible à
l'Etat.

C'est à peu prez comme dans une
famille particuliere, lorsqu'il est question de choisir, savoir si on mettra tel
morceau de terre en vigne, ou si on
le mettra en blé. On cherche le plus
utile, il n'est point question là de juste ou d'injuste, parceque les deux
partis sont suposez également permis.

Ainsi

Ainſi on peut demander lequel eſt le plus utile à la France, de rembourſer les Charges venales, & de les donner au plus grand merite national, connu par le ſcrutin de trente pareils pretendans ; ou de ne les pas rembourſer. Les deux partis ſont ſupoſez également permis à l'Etat. Il ne s'agit point de ſavoir lequel des deux partis eſt juſte. Car perſone ne conteſte au Roi le droit qu'il a de choiſir entre ces deux partis, le parti le plus utile à l'Etat.

FIN DU TOME VII.

TABLE
DES MATIERES
DU TOME VII.
DES
OUVRAJES DE POLITIQUES,

Concernant le Gouvernement Interieur de l'Etat.

TABLE des MATIERES.

Ob-

TABLE des MATIERES.

O z.

TABLE des MATIERES.

TABLE DES MATIERES

FIN.